REIZEN WAES

ONWEERSTAANBARE
REISVERHALEN
VAN TOM WAES

REIZEN
waes

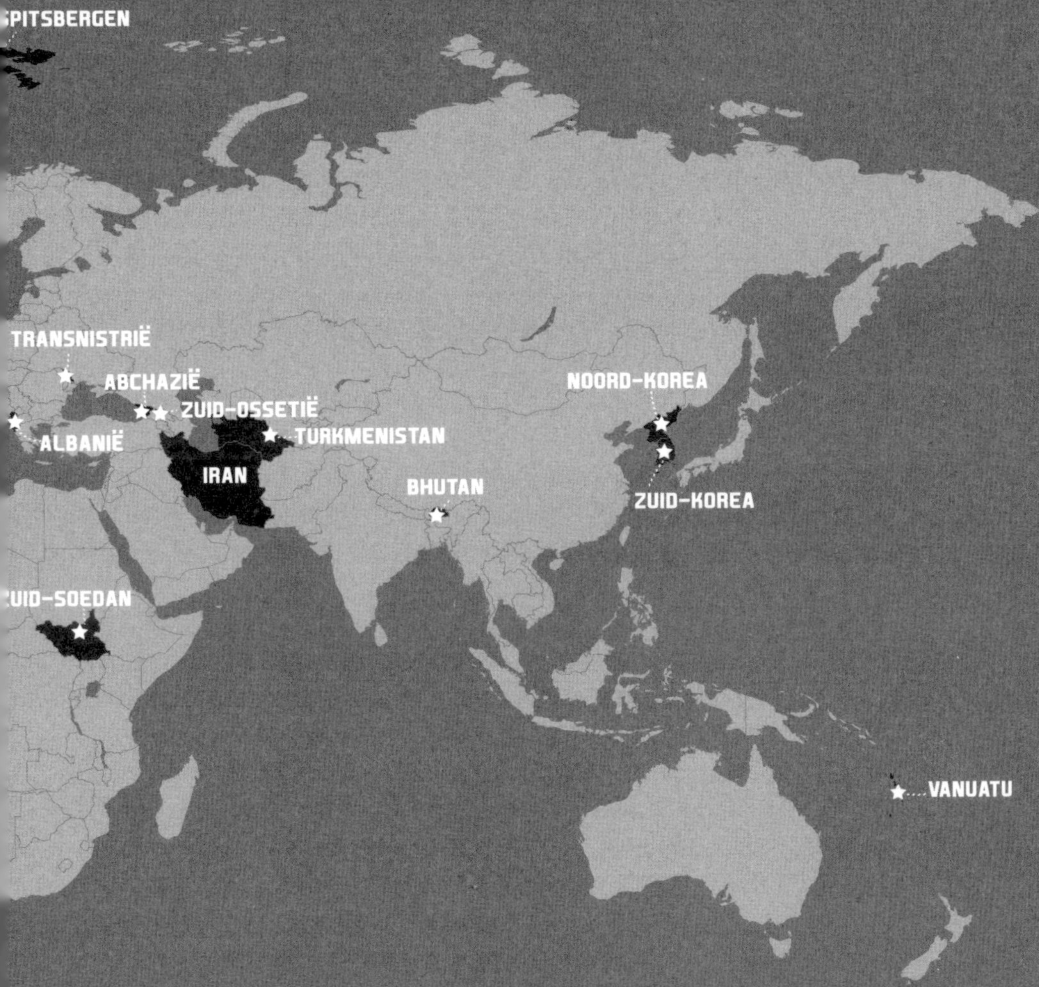

SPITSBERGEN
TRANSNISTRIË
ABCHAZIË
ZUID-OSSETIË
ALBANIË
TURKMENISTAN
IRAN
BHUTAN
NOORD-KOREA
ZUID-KOREA
ZUID-SOEDAN
VANUATU

Bloed, zweet, tranen en véél emoties

Ik kan me inbeelden dat veel kijkers van *Reizen Waes* denken: Die Tom Waes heeft toch een luxejob! Ik ga dat niet staalhard ontkennen. Dat ik word betaald om naar alle uithoeken van de wereld te vliegen is een extralegaal voordeel dat kan tellen. Maar ik mag hopen dat de meerderheid onder u toch inziet dat ons 'agentschap' meer van zijn reizigers verwacht dan in een hotel inchecken en zich bij het handje laten leiden door een gids...

Ja, ik heb het immense geluk gehad om met tal van verschillende mensen en culturen in contact te komen, om de meest tot de verbeelding sprekende pareltjes der natuur te aanschouwen. Die ervaringen kunt u dankzij dit boek opnieuw beleven, maar dan met nog meer aandacht voor de achtergrond en de impact van al die verhalen. Zoals ik van de ene kant van de wereld naar de andere werd gestuurd, werd ik ook van de ene emotie naar de andere geslingerd; vaak positief, maar soms ook negatief. Verwondering, ergernis, opwinding, ontroering, ongeloof, angst, twijfel en puur genot – allemaal passeerden ze de revue. In wat volgt komen ze (hoofd)stuk voor (hoofd)stuk aan bod.
Voor alle duidelijkheid: ik heb me kapot geamuseerd! Daarnaast mag ik hopen dat elke reis mij wijzer maakt, en misschien zelfs gelukkiger. Maar dat zal dan niet alleen te danken zijn aan de rozengeur en maneschijn, maar ook aan de talrijke te overwinnen obstakels.
Want vergis u niet: een reisprogramma als *Reizen Waes* in elkaar boksen, zeker gezien de niet bepaald voor de hand liggende bestemmingen, is een complexe opdracht. Elke reis die we de afgelopen jaren op televisiekijkend Vlaanderen hebben losgelaten, is dan ook het resultaat van een intensieve voorbereiding in België én totale overgave in het land in kwestie. En omdat je onmogelijk alles in de hand kunt hebben, kwam er ook behoorlijk wat improvisatie bij kijken.
Dat u daar als kijker al bij al niet veel van gemerkt hebt en zorgeloos kon genieten van het feelgoodprogramma dat *Reizen Waes* uiteindelijk toch is, heeft alles te maken met de motivatie en het professionalisme van iedereen die bij dit twee seizoenen durende avontuur betrokken was. Ik zou van deze inleiding willen gebruikmaken om de *making of* en de mensen achter dat proces in de kijker te zetten.

BESTEMMINGEN KIEZEN

Mijn rol in de concrete voorbereiding is nogal beperkt, maar bij de keuze van de bestemmingen ben ik wel betrokken. Zeker in de tweede reeks, toen die selectie iets subjectiever was. Terwijl de insteek in het eerste seizoen vaak een of andere superlatief was (het verste, het gevaarlijkste, het nieuwste land...), keerde ik voor de tweede reeks bijvoorbeeld terug naar Albanië en Mexico, landen die me geprikkeld hadden tijdens de opnames voor respectievelijk *Wauters vs. Waes* en *Tomtesterom*. En Alaska was al jaren een jongensdroom van me.

Dat ik inspraak krijg in de bestemmingen is niet meer dan logisch, want uiteindelijk ben ik het die, samen met de crew natuurlijk, tien tot veertien dagen moet doorbrengen in landen die bekendstaan als chaotisch, geïsoleerd, dictatoriaal, onvoorspelbaar of ronduit gevaarlijk. Vooral dat laatste criterium is van belang.

Meestal schotelen de redactieleden me enkele suggesties voor waarvan zij denken dat ze boeiende en gevarieerde televisie kunnen opleveren. Uiteraard stellen we alle argumenten in de waagschaal, maar als de risico's te zwaar doorwegen, dan pas ik. Hoe gevaarlijk een bestemming is, kan ik zelf moeilijk inschatten. Daarvoor moet ik vertrouwen op het oordeel van de redactie, die al enige voorbereidende research heeft gedaan. De cruciale vraag die ik altijd stel, is: "Zouden jullie zelf durven?" Als het antwoord nee is, of ze twijfelen te hard, dan weet ik hoe laat het is.

Nu ben ik van geen kleintje vervaard, maar er zijn grenzen aan mijn lefgozerij. Zo was er lange tijd sprake van een bezoek aan de Palestijnse Westbank. In eerste instantie zag ik daar geen graten in: anders dan de Gazastrook is de Westelijke Jordaanoever een vrij rustige zone. Omdat we wilden vermijden dat ons bezoek aan Palestijns gebied als een stellingname kon worden beschouwd, zocht en vond de redactie een leuke en neutrale invalshoek: een lokale organisatie bood fietstrips aan door de Westbank. In plaats van de politieke thema's aan te snijden, zouden we onderweg op zoek gaan naar mensen die via toerisme, kunst, sport enzovoort het verleden achter zich wilden laten en hun land een toekomst wilden geven.

Maar toen stak IS (Islamitische Staat) de kop op. Na oproepen om overal in de islamitische wereld antiwesterse terreuracties uit te voeren, was mijn enthousiasme voor Palestina snel bekoeld. Hoewel IS niet actief is in de Westbank, gaf zelfs Rudi Vranckx toe dat het hele Midden-Oosten een kruitvat was dat slechts een vonk nodig had. Toen in september 2014 een Franse bergbeklimmer werd onthoofd in Algerije – ook ver van het operatieterrein van IS – hakte ik de knoop door. En hoever de redactie op dat moment ook al stond met haar research, het productiehuis besefte maar al te goed dat het geen zin had om me te pushen. Dat doet het trouwens nooit, dat is een kwestie van wederzijds begrip en respect.

IS, toen nog bekend als ISIS, dwarsboomde ons trouwens al eerder. Voor de eerste reeks stond Irak op ons verlanglijstje, maar journalisten raadden ons die trip ten stelligste af. Daar heb je immers niet alleen een legerescorte nodig, je brengt er ook je lokale gidsen en fixers in gevaar en dat is niet ethisch of koosjer. Bovendien willen we met *Reizen Waes* vooral nagaan of een land een potentiële toeristische bestemming zou kunnen zijn, en bij Irak wisten we eigenlijk dat dat sowieso niet het geval zou zijn.
Daarom hadden we het plan opgevat om in het noorden van het land het Iraakse deel van Koerdistan te verkennen. Met behulp van de Amerikanen was men die regio aan het opwaarderen, met winkelcentra, pretparken, mooie natuur en boeiende historische sites. Maar IS heeft er dus anders over beslist.

Terreur – zij het vanwege een andere organisatie – hield ons ook weg uit Pakistan. Die bestemming stond op het programma na onze allereerste reis naar Pitcairn. De hele voorbereiding was in dit geval dus al gebeurd! We zouden er rijden over de Karakoram Highway, de hoogst gelegen geasfalteerde weg ter wereld, tussen Islamabad en de Chinese stad Kashgar. Een heel arm gebied, maar met prachtige bergen en valleien. Helaas: vlak voor ons vertrek werd op die bergpas een aanslag gepleegd op twee bussen. En dus werden de ons beloofde visums ingetrokken wegens 'te onveilig'. Het was nochtans mogelijk om bepaalde stukken onder legerbegeleiding af te leggen, zoals de lokale bevolking dat deed. Maar het bleef njet en dus beslisten we om de reis een maand uit te stellen. Net toen er weer reden was tot optimisme, besliste een domme Amerikaan om een filmpje op YouTube te zetten waarin de profeet Mohammed belachelijk werd gemaakt, met uitbarstingen van volkswoede in de hele islamitische wereld tot gevolg. Toen in de Pakistaanse hoofdstad Islamabad een Engelse journaliste werd gedood, hebben we de reis dan maar definitief afgeblazen.

VALLEN EN OPSTAAN

Op zo'n moment ben ik bijzonder dankbaar dat ik over zo'n geweldig redactieteam beschik. Ik kan me niet inbeelden dat er iets frustrerender is dan maanden van nauwgezette voorbereiding in één klap in de vuilnisbak te moeten gooien. Maar dankzij hun ongebreidelde motivatie, vindingrijkheid en flexibiliteit komen ze telkens opnieuw met oplossingen voor de dag. In het geval van Pakistan was de redactie in die maand na de eerste aanslagen aan Colombia beginnen te werken. En drie weken na de definitieve schrapping van Pakistan zat ik al op het vliegtuig richting Zuid-Amerika, voor wat een topaflevering zou worden.

Soms leek het wel alsof er een vloek op *Reizen Waes* rustte. De actualiteit gooide namelijk nog veel vaker roet in het eten.
In Oekraïne wilden we van west naar oost rijden om het contrast tussen het westers en het Russisch gezinde landsdeel te laten zien. Ook een bezoek aan de Krim stond op het programma. Maar toen brak de onrust uit.
Sierra Leone wordt sinds de burgeroorlog (1991-2002) geassocieerd met oorlogsmisdaden, kindsoldaten, verminkingen, bloeddiamanten... Nochtans was het West-Afrikaanse land vóór die burgeroorlog een toeristische trekpleister voor de Parijse jetset, vooral dankzij zijn fantastische stranden. De voorbije jaren was Sierra Leone zijn toeristische blazoen wat aan het oppoetsen en werd er zelfs een school voor gidsen opgericht. De bedoeling was dat hun studenten ons bij wijze van stage langs de bijzonderste plekken van het land zouden leiden. Het scenario lag nog niet vast, maar de onderhandelingen met die gidsenschool waren al vergevorderd. We hadden zelfs al een fixer. Maar toen brak ebola uit.

Televisiekijkers staan daar zelden bij stil – ze merken er meestal ook niets van – maar de *making of* van een programma als *Reizen Waes* is voor een redactie vaak een processie van Echternach. Het 'beste' voorbeeld, gelukkig met een happy end, was Turkmenistan. Pim, de vaste eindredacteur van de eerste reeks, noemde de voorbereiding voor die reis de meest slopende van dat seizoen. U leest hieronder waarom.

Er is in Turkmenistan wel een soort staatssecretariaat voor Toerisme dat het land enigszins wil promoten, dus als toerist volstaat het om een visum aan te vragen en je kunt vertrekken. Maar een cameraploeg zag de paranoïde staatsveiligheid liever niet op bezoek komen. Een reisbureau in Amsterdam dat ook een zetel heeft in Turkmenistan verwoordde het als volgt: "Dat lukt jullie nooit." Maar de zaakvoerster wilde het met behulp van haar connecties ter plaatse wel proberen te regelen. Het toeval wil dat ik tijdens mijn laatste avond op Pitcairn iemand ontmoette die misschien kon helpen, een man die met dezelfde boot was aangemeerd waarmee ik 's anderendaags zou vertrekken. Toen ik hem vertelde over het opzet van *Reizen Waes* en onze problemen met Turkmenistan, bleek hij iemand van de BBC te kennen die daar ooit gewerkt had voor een soort hulporganisatie. De redactie nam contact met hem op en kreeg de gegevens van Sjemsjad. Zij zou samen met de lokale connecties van het Nederlandse reisbureau een toestemming proberen vast te krijgen, maar al snel ontpopte ze zich als de enige, echte fixer, want zij had duidelijk meer invloed. Na heel wat over-en-weer mailen met Sjemsjad – het internet in Turkmenistan is te traag om efficiënt te skypen – bleek echter dat ook zij slechts heel moeizaam vorderingen maakte.

Intussen ging de redactie ook op zoek naar Belgen die in Turkmenistan woonden. Geen eenvoudige opdracht, die er vooral in bestond het internet af te speuren. Met succes, want Pim botste op een foto van Karel De Gucht die er als Europees commissaris voor de Handel een gasdeal had gesloten. Op die foto stonden ook andere Belgische delegatieleden die de redactie kon opsporen en opbellen. In eerste instantie leverde dat niets op, maar via via werd toch een Belg gevonden die nauw samenwerkte met de Turkmeense minister van Handel, die blijkbaar ook verantwoordelijk was voor dat eerder vermelde staatssecretariaat voor Toerisme. Die Belg bezorgde Pim het rechtstreekse nummer van de jonge minister, Palvan Taganov. Maar telkens als hij werd opgebeld, vroeg hij om een e-mail te sturen, waarop hij nooit antwoordde...

Het afspeuren van het internet leverde uiteindelijk toch een doorbraak op. Pim ontdekte dat Taganov *himself* naar Gent zou komen voor de Flanders Horse Expo, waar onder meer een speech zou worden gehouden over de Akhal-Teke, een Turkmeens ras van volbloeden waar het land heel trots op is. Via e-mail liet Pim hem weten dat ook hij, samen met producer Bart, naar die expo zou komen en dat ze hem heel graag wilden ontmoeten. Hoewel ook daar geen antwoord op kwam, waren Pim en Bart sowieso van plan naar Gent te gaan, op goed geluk. Maar een dag voordien liet de assistent van Taganov via e-mail weten dat een ontmoeting zou moeten lukken. En dus trokken Pim en Bart vol optimisme en gladgeschoren – baarden zijn in Turkmenistan een teken van armoede – naar Gent.
Daar bleken ze de enige aanwezigen te zijn op de uiteenzetting over de Turkmeense volbloeden, die al na enkele minuten werd afgeblazen door de minister. Het gezelschap was speciaal naar België gekomen met zakken vol cadeaus en tapijten, maar België bleek niet warm te lopen voor de Akhal-Teke.
Gelukkig stond de ontgoocheling onze ontmoeting niet in de weg. Al veegde de minister wel meteen enkele ideeën van het hem voorgelegde reisplan van tafel: "Dat niet, dat niet, dat niet en dat niet." Onder meer The Gates of Hell, een enorme kater die ontstaan is na een gasramp en die constant brandt, werd geschrapt. Jammer, want eigenlijk was dat een van onze favoriete bezienswaardigheden. "Maar als je je plannen hier en daar aanpast, valt erover te praten", voegde hij eraan toe.
Een persoonlijke uitnodiging om naar het nationale paardenfestival te komen, moesten we wegens tijdgebrek afslaan, maar ter compensatie stelden Pim en Bart wel voor om tijdens onze opnames ook een filmpje te maken met mooie sfeerbeelden van Turkmenistan, die zij nadien konden gebruiken ter promotie van hun land. De minister wilde echter meer: de nationale televisie moest en zou tijdens onze reis een reportage over onze reportage maken.

Alles leek in kannen en kruiken, maar na de ontmoeting in Gent was het nog drie weken bang afwachten vooraleer de redactie eindelijk een brief kreeg waarin stond dat we de nodige visums konden afhalen op de Turkmeense ambassade. Producer Bart is daarmee naar Brussel gereden, maar pas op de avond voor de geplande afreis kreeg de ambassade definitief groen licht vanuit Turkmenistan.

In die brief stond trouwens ook nog dat we de beelden nadien aan de Turkmeense overheid moesten voorleggen. Dan begeef je je ethisch op een grens, want we moesten dus nauw samenwerken met een dictatuur. We namen ons voor om wel in de pas te lopen, maar tegelijk ook vrij onze mening te geven over wat we zouden zien. Tenminste, we dachten dat dat wel zou lukken. Tenslotte zouden we alleen begeleid worden door Sjemsjad, onze fixer, en een Russische gids/vertaalster van dat ene reisbureau dat gelinkt was met Amsterdam.
Maar op de dag van de afreis – wij stonden al klaar om naar de luchthaven te vertrekken – kreeg Pim een telefoontje van onze Nederlandse contactpersoon: haar gids/vertaalster, een gezette maar toffe Russische vrouw, mocht niet in beeld komen, wegens 'niet telegeniek genoeg'. In de plaats werd een staatsgids meegestuurd, met in zijn kielzog nog een aantal waakhonden. Daardoor moest Pim een uur voor het vertrek het scenario nog wat bijschaven. De ultieme stress na zowat een jaar pijnlijke onzekerheid, die vrat aan mij, maar vooral aan Pim en de rest van de redactie! Bloed, zweet en tranen had het gekost, maar zeven maanden later dan aanvankelijk gepland, kon ik toch naar Turkmenistan vertrekken. De voldoening was bij iedereen dan ook groter dan ooit.

FIXERS FIKSEN (EN ZO VEEL MEER)

Op het regelen van de nodige inentingen na – ook dat moet gebeuren – zit in het verhaal over Turkmenistan zowat alles vervat waar de redactie zich tijdens de voorbereiding mee moet bezighouden.

We hebben natuurlijk telkens een visum nodig. Daarvoor moet vaak op twee fronten worden gewerkt. Het meest logische is om de ambassades in België aan te spreken, maar voor de landen die wij willen bezoeken, stellen die vaak niet zo veel voor. Soms spreekt het personeel zelfs amper Engels. Dus is het ook handig om rechtstreeks in het land zelf te lobbyen bij de autoriteiten, al dan niet via een fixer die er wat connecties heeft. Die lokale goedkeuring is vaak het belangrijkste, zoals bleek in het geval van Turkmenistan, want uiteindelijk trekt het ministerie van Buitenlandse Zaken aan de touwtjes, en niet de ambassade.

Een absolute voorwaarde voor een geslaagde aflevering is het vinden van lokale mensen die ons wegwijs kunnen maken, die ons naar de interessantste plekken brengen, die genoeg mensen kennen, de taal spreken en daardoor deuren kunnen openen die anders onwrikbaar dicht zouden blijven. Een toeristische gids komt wel van pas om achtergrondinfo te geven bij wat we te zien krijgen, maar minstens even nuttig zijn de zogenaamde fixers. Zij kennen niet alleen het land, maar hebben meestal ervaring met de media en weten beter dan wie ook hoe ze de nodige toelatingen kunnen krijgen om te filmen. Het allerinteressantste is natuurlijk om iemand te vinden die tegelijk gids en fixer is, maar dat is geen voor de hand liggende zoektocht. Vaak vindt de redactie zulke mensen via (Belgische) journalisten of fotografen die het land in kwestie al bezochten, of door andere documentaires over de bestemming te bekijken en bij de makers te polsen wie zij als fixer hebben gebruikt. Mahmood bijvoorbeeld, de man die ons in Iran begeleidde, had voor de BBC al een gelijkaardige rol vervuld. Peter, onze Duitse gids in Paraguay, werd de redactie dan weer aanbevolen door het productiehuis van de Amerikaanse tv-kok Anthony Bourdain. En Jimmy Peza, die een absolute voltreffer bleek te zijn, had al een bijdrage geleverd aan *Wauters vs. Waes*.
De redactie probeerde de gidsen en fixers vooraf zo goed mogelijk te screenen, om te weten welk vlees ze in de kuip had. Mahmood was van dichtbij betrokken bij de hele voorbereiding en heeft tientallen keren met de redactie gebeld, gemaild en geskypet. Zo leer je wel of iemand betrouwbaar is, of hij gevoel voor humor heeft.
Maar uiteindelijk blijft het altijd een gok, zeker omdat er geen budget is om op prospectie te gaan. Dus legden we al onze eieren in het mandje van die ene fixer, onze enige verbinding met de verre bestemming. Soms schakelt de research pas een versnelling hoger als de fixer garandeert dat hij de zaken – en soms zelfs de visums – geregeld krijgt. Een maand later kan echter blijken dat het er toch niet van komt. Zo lagen mijn koffers al in de auto om naar het eiland Nauru in de Pacific te reizen, toen de redactie te horen kreeg dat er geen visums zouden worden uitgereikt. En op onze fixer in Zuid-Soedan konden we ook niet echt rekenen, zo bleek ter plaatse.

Maar nogmaals: of er nu obstakels op de weg lagen of niet, het team van productiehuis deMENSEN is er toch maar mooi in geslaagd om zeventien fantastische reizen (en dito afleveringen) te plannen en in te vullen. Want door al die administratieve anekdotes zou ik bijna vergeten te benadrukken dat het redactieteam zich ook volledig smijt in de zoektocht naar fantastisch tv-materiaal. Maandenlang dompelen zij zich onder in de geschiedenis, de cultuur en het toerisme van landen die vooraf vaak grote onbekenden zijn. Het grootste deel van de avonturen die de kijker te zien krijgt, is vooraf gevonden en voorbereid door deze mensen van deMENSEN.

Daarom een welgemeend eresaluut voor eindredacteurs Pim (reeks 1) en Anne-Lore (reeks 2), researchers Michiel, Tomas, Sophie en Jonas, producer Bart (die instond voor het budget, de logistiek, de samenstelling van de crews...), hoofdredacteur Jesse en uitvoerend producent Annick. En voor alle mensen die hun steentje hebben bijgedragen, vanaf het basisidee tot de volledig afgewerkte aflevering die de huiskamers bereikte. Zonder al die toppers achter de schermen zou *Reizen Waes* onmogelijk geweest zijn.

DE CREW EN IK

Zonder mij was *Reizen Waes* ook onmogelijk geweest, daar hoef ik niet flauw over te doen. Je kunt mijn naam natuurlijk uit de titel schrappen en vervangen door die van iemand anders. Maar dan krijg je een ander programma. Want ook ik heb mijn hart en ziel in *Reizen Waes* gestoken.

Ik vertrok wel elke keer met een scenario dat ik redelijk goed kende, wist min of meer welke plekken ik zou bezoeken, maar meestal zonder in detail op de hoogte te zijn van de context. Daarom reisde er ook geen redacteur met me mee, omdat die mijn onbevangenheid alleen maar in de weg zou staan. De bedoeling was dat ik zo spontaan mogelijk zou reageren op de mensen en situaties die mijn pad zouden kruisen. Zelfs met de contactpersonen of fixers had ik vooraf niet gesproken.

Zo had ik het graag, want een geslaagde reis is wat mij betreft onlosmakelijk verbonden met openheid. Je moet je kunnen inleven in een totaal andere mentaliteit, levenswijze of cultuur om ervan te genieten. En ik denk dat ik mag zeggen dat ik dat kan. Zelfs in dictatoriale landen als Turkmenistan of Noord-Korea probeerde ik het ruimere plaatje te zien en niet te snel te oordelen. Dat leverde soms verrassende inzichten op.

Wat *Reizen Waes* extra boeiend maakte om te doen, was dat we het scenario soms overboord moesten gooien zodra we ergens voet aan land zetten. De redactie kon daar niets aan doen, maar het gebeurde dat iets er totaal anders uitzag of totaal anders verliep dan we verwacht hadden. In Turkmenistan en Zuid-Soedan hebben we gaandeweg, in overleg met Brussel weliswaar, het hele verhaal omgegooid – daar kom ik verderop in het boek uitgebreid op terug.
Een minder ingrijpend voorbeeld van improvisatie beleefden we in Alaska. Vooraleer we op zoek gingen naar de echte Magic Bus wilden we de replica in het stadje Fairbanks filmen. Maar toen we daar aankwamen, bleek er een tent overheen te staan, naar aanleiding van de jaarlijkse braderij. De bus kreeg daardoor meer toeristen over de vloer dan normaal en dat ondermijnde de sfeer die we wilden opbouwen. Dus hebben we de tent tijdelijk verplaatst, zodat we enkel het busje in beeld konden krijgen.
Het viel ook voor dat we iets niet vonden waar de redactie veel van verwacht had. In Zuid-Korea moesten zogenaamde *matching couples* bijvoorbeeld een frequent fenomeen in het straatbeeld zijn: een man en een vrouw die identiek hetzelfde gekleed gaan. In Seoel hebben we niet één zo'n koppel gezien. Pas dagen later, toen we door de mist een berg in het binnenland afdaalden, kruisten we vier of vijf van die koppels. Maar in dat decor konden we daar niets mee aanvangen.
Kortom, flexibiliteit is ook een eigenschap die ik tijdens het reizen vaak aan de dag moest leggen. En met mij de rest van de crew, want die mag ik natuurlijk ook niet vergeten! Voor *Reizen Waes* was ik altijd op schok met één cameraman (Nico of Jef), één klankman (Pascal, Joris of Johan) en één regisseur (Bert, Gijs, Toon of Johannes). Zij wisten wel wat reizen met Tom Waes inhield, maar toch zeg ik 'petje af' voor ieder van hen. Niet iedereen kan, wil of durft alles wat wij gedaan hebben. Zo moet je niet aan elke camera- of klankman vragen om aan de rand van een vuurspuwende vulkaan te gaan staan of zich door een opgehitste massa betogende Iraniërs te manoeuvreren. Echt een welgemeende chapeau en merci aan hen allen!

Voor bepaalde reizen hebben we wel een bewuste keuze gemaakt. Pascal zal het me niet kwalijk nemen als ik zeg dat de trektocht naar de Magic Bus in Alaska mission impossible was geweest voor hem.
Hoe dan ook lag het tempo waarin wij werkten bijzonder hoog, op het

moordende af. Wat op tv te zien is, spreekt soms al boekdelen. Maar wat er tussendoor gebeurde, maakte het vaak nog slopender. De gidsen die ons ontvingen, geloofden vaak hun ogen niet. Zij waren crews gewend van de BBC of van National Geographic. Dus als wij daar met vier man aankwamen, kregen wij meer dan eens de vraag: "Wanneer komt de rest van de ploeg?" De verwondering was dan ook groot toen ze te horen kregen dat er geen 'rest' was, en nog groter toen ze zagen wat voor een lange dagen wij draaiden. Een groot contrast met bijvoorbeeld Amerikaanse cameraploegen, die er na vier uur de brui aan geven. Anders schakelen ze de vakbond in!
Het zal dan ook niet verbazen dat ik me tijdens (en vooral na) de twee seizoenen *Reizen Waes* regelmatig geradbraakt voelde. In een dik half jaar namen wij negen afleveringen op. Twee dagen nadat we waren thuisgekomen uit Alaska, zat ik alweer op het vliegtuig naar Albanië. Dan vraag je je soms wel af waarmee je bezig bent. Toen de redactie me vroeg om Noord- en Zuid-Korea in één reis te combineren, heb ik dan ook mijn veto gesteld. Een hele maand van huis weg, dat wilde ik mijn gezin niet aandoen. Gelukkig had de redactie daar begrip voor. Wanneer ik tussen twee reizen door maar zes dagen thuis was, stonden vaak opnames voor andere programma's (ook van deMENSEN) op het programma, waardoor er maar een dag of twee 'vrij' bleven. Als daar dan ook nog eens een zondag bij was, kon ik niet eens naar de kapper! Ook dan kon ik vragen om me even te sparen. Opnieuw een kwestie van wederzijds respect.
Wat ik naar het einde van beide reeksen toe wel heb ervaren, is dat ik ondanks alle vermoeidheid opvallend alert bleef op de plaatsen waar we moesten filmen, maar dat ik tijdens de lange overgangsritten, die soms vijf of tien uur konden duren, de energie niet meer had om naar buiten te kijken en eventueel in te spelen op wat er te zien was. Dan nam ik liever mijn tablet en begon ik films te bekijken. Het bewijs dat ik mentaal op was.

Maar... ik klaag niet! *Reizen Waes* stond garant voor onwaarschijnlijke avonturen, en ik had het voorrecht om de rol van 'reisleider' te vervullen. Ik geniet nog na en hoop dat ook u dat kunt, dankzij dit boek. Goede reis!

Cultuurshock

Het staat iedereen vrij om een luilekkervakantie te boeken op Tenerife of de Dominicaanse Republiek, op safari te gaan in Zuid-Afrika, Route 66 te volgen of – al iets avontuurlijker – een trektocht door Zuidoost-Azië te ondernemen. Zolang je maar geniet en met opgeladen batterijen thuiskomt. *Reizen Waes* wilde echter de platgetreden paden verlaten en de grenzen van het toerisme aftasten. Wij gingen op zoek naar plaatsen die de doorsneetoerist zelfs niet overweegt wegens te ver, te gevaarlijk of om het even welk ander obstakel. Onbekend is vaak onbemind, maar is dat terecht? Op die vraag wilden we een antwoord vinden.
Maar *Reizen Waes* had natuurlijk veel meer te bieden dan alleen die toeristische insteek. Voor mij persoonlijk, en hopelijk ook voor de kijkers, was het een kennismaking met mensen, plaatsen en culturen die letterlijk en vaak ook figuurlijk mijlenver van ons afstaan. Soms in negatieve zin, maar gelukkig vooral in positieve zin. Ik heb de voorbije jaren dan ook meer dan één cultuurshock ervaren.

DICHTBIJ EN TOCH VERAF

Onze zoektocht naar verrassende bestemmingen leidde ons naar Noord- en Zuid-Amerika, naar het Midden- en het Verre Oosten, naar eilanden in de Stille Oceaan en naar zwart Afrika. Maar dichter bij huis was er ook één land waar ik razend benieuwd naar was: **Albanië**. Voor *Wauters vs. Waes* was ik er ooit gedropt en had ik als opdracht om zo snel mogelijk aan de Zimmertoren in Lier te staan, waardoor ik zo snel mogelijk en helaas niet bijster ontspannen door het land ben gesjeesd. Maar ik wilde ook weleens op het gemak – nou ja – nagaan of er enige waarheid schuilt in de clichés over Albanië, dat nog steeds een van de armste landen van Europa is.
Daarvoor hebben we de hulp ingeroepen van Jimmy Peza, die met zijn Albanese productiehuis ook had meegewerkt aan *Wauters vs. Waes*. Jimmy bleek het typevoorbeeld te zijn van een ideale gids slash fixer. Daarbij hielp het enorm dat de familie Peza een vooraanstaande rol heeft gespeeld in de Albanese geschiedenis – Jimmy's vader bekleedt trouwens nog steeds een politieke topfunctie. Zijn familienaam werkte als een soort wachtwoord dat ons een vrijgeleide gaf, zelfs toen de politie ons tegenhield omdat onze autolichten niet werkten. Los daarvan was

Jimmy een fantastische kerel, met zin voor avontuur, al werd hij soms zo gezapig dat we hem af en toe eens goed wakker moesten schudden.

Samen met Jimmy verkenden we eerst hoofdstad Tirana. Wat een aangename verrassing! Het enige gebouw dat nog herinnert aan het communistische verleden is een soort stalen piramide die gebouwd werd voor Enver Hoxha, de laatste dictator van het land. Geen grimmigheid dus, en ook geen onveilig gevoel.
"Onze reputatie hebben we te danken aan de eerste jaren na het communisme", verklaarde Jimmy. "Toen zochten heel veel mensen hun heil in schimmige en criminele activiteiten. Maar de meesten onder hen hebben intussen het land verlaten. In Albanië voel je nu een positieve vibe, gevoed door de jongere generaties die de kans hebben gekregen om naar de rest van Europa te reizen."
De sfeer in Tirana hoeft dan ook niet onder te doen voor die in de bekende West-Europese steden, inclusief hippe uitgaansbuurt. Maar een citytrip is de stad niet waard – daarvoor zijn er te weinig toeristische trekpleisters.

Niet ver van Tirana bevindt zich wel zo'n trekpleister: de badplaats Durrës. Als ik in dit boek één expliciete toeristische tip geef, laat het dan deze zijn: vermijd Durrës te allen prijze! Omdat het er spotgoedkoop is, wordt het strand overspoeld door Kosovaren, die zelf geen kust hebben, en decadente rijke Russen. Blankenberge maal duizend.
Wat een contrast met de rest van de Albanese kust! Met een tweedehands Mercedes die we, dixit Jimmy, kochten "van de minst onbetrouwbare van alle louche autohandelaars" – dan toch een cliché dat standhield – reden we richting het zuiden. De trip leidde ons via slingerende weggetjes door authentieke dorpjes en grazende geitenkuddes, met de hele tijd een adembenemend uitzicht op de Adriatische en de Ionische Zee.
In Kroatië is diezelfde kustlijn al behoorlijk toeristisch uitgebaat, maar Albanië blijkt onontgonnen en ongerept gebied. Er zijn amper zonnekloppers te vinden. Die combinatie van schoonheid en rust maakt van de regio een gedroomde vakantiebestemming, bijzonder goedkoop ook, én slechts op een drietal uur vliegen van Brussel. Maar in mijn binnenste hoop ik eigenlijk dat u de vorige zin vergeet, want zou het geen doodzonde zijn als ook de Albanese kustlijn zou worden verknoeid door overdreven toerisme?

Het eerste deel van onze reis door Albanië leverde dus allesbehalve een cultuurshock op. Al was dat misschien net de schok, namelijk dat Albanië al bij al niet zo veel verschilt van de traditionele Europese vakantieoorden...
In die zin leek Albanië lange tijd een atypische aflevering van *Reizen Waes* te worden. Nochtans stond in de buurt van Durrës een ontmoeting op het programma die me vooraf mateloos fascineerde. Ik zou er praten met een zogenaamde *burrnesha* of *sworn virgin*. In Albanië, en dan vooral in het noorden van het land, was de maatschappij volledig rond de mannen gebouwd. Families die door oorlogen of andere omstandigheden hun pater familias verloren, dreigden in de armoede en het isolement verzeild te raken. Alleen de mannen mochten namelijk werken om hun gezin van inkomsten te voorzien.
Daarom werd aan de oudste dochter van zo'n gezin gevraagd (of door de familie opgelegd) om de rest van haar leven als man door het leven te gaan. Als de dochter voor een raad van stamoudsten zwoer dat ze voor de rest van haar leven maagd zou blijven, kreeg zij in ruil alle rechten toegekend die voor mannen waren voorbehouden: werken, een wapen dragen, roken en drinken. Extra voordeel: zo werd de erfenislijn niet onderbroken en bleef het geld binnen de familie. Anno 2014 zijn er nog steeds zo'n zeventigtal 'gezworen maagden', zij het bijna allemaal oude vrouwen, omdat het gebruik stilaan uitsterft.
De foto's die ik vooraf te zien had gekregen, spraken tot de verbeelding: de afgebeelde vrouwen waren amper als dusdanig te herkennen en leken fysiek helemaal vergroeid met hun rol als man. Ik verwachtte dus een bevreemdende ontmoeting, en dat werd het ook, zij het om de verkeerde redenen.
De 'vrouw' die ons te woord stond, was een militair type met een uniform en een baret op. Ik had dus echt het gevoel dat ik met een man aan het praten was. Alleen kwam er van praten niet zoveel in huis. De burrnesha stelde zich bijzonder defensief op en had het voortdurend over zijn/haar eigen frustraties en de kunst die ze fabriceerde. Ik heb mijn uiterste best gedaan om haar te vragen naar haar persoonlijke gevoelens bij het fenomeen van de *sworn virgins*, maar daar ging ze amper op in. Ze bleek ook niet het meest representatieve voorbeeld te zijn. Ze had zich naar eigen zeggen altijd een man gevoeld, waardoor het op ons overkwam dat ze een lesbienne was die door haar eed van maagdelijkheid kon ontsnappen aan een verplicht huwelijk. Bovendien was ze blij

dat ze nu kon roken en drinken. Het gebeurde wel vaker dat vrouwen uit eigenbelang burrnesha werden, maar het toeval wilde dat wij op zo iemand gebotst waren. En dan was ze niet eens een sympathieke gesprekspartner.

Niettemin blijft het voor mij moeilijk te geloven dat een dergelijke traditie nog standhoudt in een Europees land. In die zin was de ontmoeting met de gezworen maagd een voorbode van wat het tweede deel van de reis voor ons in petto zou hebben. Albanië zou zich alsnog als een aparte wereld aan mij openbaren, met eigen wetten en tradities. Een cultuurshock dus, maar vanwege de uiteenlopende emoties die daarmee gepaard gingen, weid ik daar elders in dit boek nog over uit.

'HAPPINESS IS A PLACE'

Het gevoel in een totaal aparte wereld terecht te komen, overviel me in **Bhutan** dagelijks. Dat aparte kun je bijna letterlijk nemen, want het kleine Aziatische landje ligt in de Himalaya, geprangd tussen China en India. Dat slechts een tiental piloten hun vliegtuig neergezet krijgen op de plaatselijke luchthaven, bewijst hoe ontoegankelijk Bhutan is. Bovendien bevestigt de plaatselijke overheid dat geografische isolement nog eens extra door invloeden van buitenaf tot een minimum te beperken.
Tot 1974 mochten er geen toeristen binnen en tot op vandaag kun je het land maar op één manier bezoeken: via een reisbureau dat rechtstreeks contact heeft met het Bhutaanse koningshuis en mits je 250 euro per dag betaalt. Een aanzienlijk bedrag, maar in ruil krijg je wel voortdurend een gids en transport tot je beschikking, drie maaltijden en alle toeristische bezoeken.

Terwijl Turkmenistan en Noord-Korea beducht zijn voor kritische pottenkijkers, heeft de voorzichtigheid van de Bhutanen vooral te maken met hoe trots ze zijn op hun eigenheid. Ze willen dus niets verbergen, maar willen wel vermijden dat buitenlanders – door vrij door het land te bewegen en zich er eventueel te vestigen – de plaatselijke cultuur en mentaliteit bedreigen.

De gids is in zekere zin dus een controlemiddel, maar zo voelde het in ons geval niet aan. In tegenstelling tot de Turkmeense en Noord-Koreaanse gidsen antwoordde Yishi open en eerlijk op al onze vragen. Zij verborg niets, maar wilde integendeel net alle interessante plaatsen van Bhutan laten zien, zodat ook wij doordrongen zouden worden van de noodzaak om al dat unieke erfgoed te vrijwaren. Bhutan gaat er namelijk prat op het meest originele boeddhistische land ter wereld te zijn.

Wat Bhutan extra interessant maakt, is dat het niet werkt met het begrip 'bruto nationaal product', maar met bruto nationaal geluk. Elke wet wordt er niet getoetst aan zijn economische gevolgen, maar op basis van geluk. Een gelukscommissie bepaalt of de wet mensen al dan niet gelukkiger maakt. Er wordt ook een lijvige enquête opgesteld, bestaande uit tientallen vragen, die aan alle Bhutanen wordt uitgedeeld om het geluk van de bevolking te meten. Al die zaken moeten Bhutans zelf verspreide reputatie van 'gelukkigste land ter wereld' in stand houden. De slogan van de toeristische dienst luidt niet voor niets: '*Happiness is a place.*'
Om na te gaan of die drang naar authenticiteit en geluk samengaan, moest ik volgens de woordvoerster van de gelukscommissie rondkijken, zo veel mogelijk plaatsen bezoeken en met zo veel mogelijk mensen praten. En dat is dan ook wat we, samen met gids Yishi en onze chauffeur, gedaan hebben.

EVOLUTIE?

In de hoofdstad Thimphu werd ik al een cultuurshock gewaar, maar dan een heel subtiele. Op het eerste gezicht verschilt de stad niet hard van andere steden, maar gaandeweg dringen een aantal dingen tot je door. Zo wordt er bijvoorbeeld niet geclaxonneerd. Er staan wel files, maar niemand jaagt zich op, dus niemand toetert.
Pas na een aantal uren besefte ik ook dat alle winkels er precies hetzelfde uitzien: op een paarse achtergrond staat in oranje letters vermeld wat voor een winkel het is. Dat is uiteraard een opgelegde regel, maar onbewust zorgt die wel voor een soort sereniteit in het straatbeeld. Net zoals de afwezigheid van reclame. In New York, Tokio of hartje Londen word je als het ware bekogeld door grote billboards, reclameborden, affiches en neonlichten. Maar niets daarvan in Thimphu, en dat is best rustgevend.

En als de overheid dan al eens beslist om te evolueren, dan is het volk geen vragende partij. Zo waren in Thimphu rode lichten ingevoerd, maar de bevolking vond die te onpersoonlijk. "Kan die taak niet worden vervuld door een agent?" was de algemene teneur. En dus werden de lichten afgevoerd en staat midden op het kruispunt, in een overdekt hokje, een agent die in dat mierennest de orde bewaart. En dat lukt wonderwel, want de Bhutaanse automobilisten slagen er blijkbaar in zijn armengezwaai te ontcijferen.

Ik moet toegeven dat de meeste Bhutanen een gelukkige indruk op me nalieten. Dat gold zeker voor de groep boogschutters die ik ontmoette. Boogschieten is de nationale sport, maar dan niet op de olympische manier. Terwijl de roos zich op de Spelen op hoogstens 50 meter afstand bevindt, moest ik in Thimphu echt in de verte turen om een roos te ontwaren. De afstand bleek 145 meter te bedragen. Je zou denken dat je daar een extreem scherp zicht voor nodig hebt, maar opnieuw werd ik met verstomming geslagen. In plaats van deelnemen, lijkt drinken belangrijker dan winnen voor de Bhutanen. De twee ploegen die het tegen elkaar opnamen, stonden zich namelijk lazarus te drinken. Toch slaagden ze erin om de roos in de meeste gevallen te raken. Maar als de ene ploeg miste, kon de pret bij de anderen niet op. Zij begonnen dan te dansen en onbedaarlijk te lachen. Natuurlijk zat de alcohol daar voor veel tussen, maar toch: ik heb zelden zo veel mensen spontaan en oprecht weten lachen als in Bhutan.

Alcohol was dus duidelijk geen taboe voor de Bhutanen. Hun visie op seks was moeilijker te achterhalen. Dat bleek toen we een bezoekje brachten aan misschien wel de meest bizarre nachtclub ter wereld. Bhutaanse mannen vergaapten er zich niet aan schaars geklede dames die rond palen kronkelden, maar aan vrouwen in traditionele kledij die niet stripten maar tegen betaling volksliedjes playbackten bij een wel erg zedig dansje.
Wij konden ons moeilijk inbeelden dat die mannen opgewonden raakten van dat nogal saaie tafereeltje, dus hadden wij zo'n flauw vermoeden dat er achter de schermen of na sluitingstijd weleens iets meer gebeurde.
"Soms gaan ze wel mee naar je thuis", verklapte een man ons, maar hij liet uitschijnen dat er dan wel een klik moest zijn tussen klant en danseres. Er moest dus een zweem van liefde of verliefdheid aan te pas komen.

Met een mannelijke gids, die al eens stoute dingen durft te vragen, hadden we misschien de ware toedracht achterhaald, maar Yishi was sowieso al niet happig om ons mee te nemen naar zo'n nachtclub. Het is een recent fenomeen in Bhutan, iets wat is overgewaaid uit het buitenland en waar niet iedereen gelukkig mee is. Vandaar misschien dat het op mij overkwam als een traditionele variant van een striptent...

LEVE DE NAÏVITEIT

Om gelukkig te worden, vertrouwen de Bhutanen niet uitsluitend op de goede wil en de maatregelen van de overheid. Ik heb aan den lijve ondervonden hoezeer het land aan elkaar hangt van het bijgeloof, al is de grens met hun boeddhistische geloof soms moeilijk af te bakenen. Onze chauffeur draaide drie keer rond elke rotonde om geluk af te dwingen en ik moest onderweg naar het klooster van Taktsang (Tiger's Nest) twee keer aan een soort molen met een belletje draaien... om geluk af te dwingen.

De Bhutanen hechten ook veel belang aan wat astrologen en monniken hen vertellen. Zo nam Yishi me mee naar een astroloog die me vertelde dat ik wel lang zou leven, maar daarna zou reïncarneren als een aap of een haan, wat volgens de immer giechelende Yishi geen goed nieuws was. Ik zou ook vijf kinderen krijgen – nog twee te gaan dus – en ik moest een witte auto kopen omdat de rest te gevaarlijk was.

Net toen ik dacht dat het niet gekker kon, bezochten we een dorp waar één specifieke heilige werd vereerd: Drukpa Kunley, bijgenaamd *The Divine Madman* (de Goddelijke Gek). Hij zou via zijn zaad het boeddhisme in Bhutan hebben verspreid. Lachend vertelde Yishi me hoe hij met ontelbare vrouwen, inclusief zijn eigen moeder, naar bed was gegaan. Ondanks zijn naar westerse normen bedenkelijke promiscuïteit wordt Drukpa Kunley als een popster aanbeden, met één verschil: in plaats van posters met zijn afbeelding wemelt het in het dorp rond zijn klooster van de getekende penissen. Er bevindt zich zelfs een souvenirwinkeltje met fallussen in allerlei kleuren en formaten.

Het klooster is een bedevaartsoord waar vooral vrouwen op afkomen om zwanger te raken, nadien het kindje in hun buik te laten zegenen en het een naam te geven.

Ik ben dan wel geen vrouw, ook ik wilde me laten zegenen door de monnik van dienst. Zoals op de meeste plaatsen het geval was, mochten

we ook hier niet filmen, uit respect voor de traditie. Dus vertel ik bij dezen wat er binnen gebeurd is. Al valt er eigenlijk helemaal niet veel te vertellen...
Samen met nogal wat Bhutanen moest ik aanschuiven in een donkere ruimte, waar alleen het geprevel van een monnik hoorbaar was. Toen het eindelijk mijn beurt was, zei die monnik eigenlijk weinig of niets. Ik moest buigen en toen gaf hij met een houten fallus een serieuze tik tegen mijn koker. Maar echt een serieuze tik. Meer was er eigenlijk niet aan, maar dichter bij de fysieke gewaarwording van een cultuurshock kun je niet komen, denk ik.

Nu ben ik zelf een nuchter persoon, maar ik heb me op geen enkel moment druk gemaakt in het (bij)geloof van de Bhutanen. Het is ook niet zo dat ze je hun overtuiging willen opdringen. De christenen hebben kruistochten gevoerd en extremistische moslims willen tot op vandaag met geweld de islam verspreiden, maar het boeddhisme – in al zijn verschillende vormen – is naar mijn gevoel misschien wel de meest vreedzame wereldgodsdienst.
Natuurlijk hebben bepaalde gebruiken iets naïefs. En met een westerse bril kun je je daaraan ergeren. Maar terwijl onrechtvaardigheid en het beknotten van vrijheid me opstandig maken (zie het volgende hoofdstuk), voelde ik geen enkele drang om die naïviteit te doorprikken. Integendeel, het was bijna aandoenlijk en rustgevend om te zien hoe de Bhutanen in het leven staan en zich daar gelukkiger door voelen.

INTERNET? NOOIT VAN GEHOORD!

Bhutan was zonder twijfel een van de mooiste reizen, en zeker een van de meest relaxte. Al moet ik toegeven dat die vaste programmatie na een tijdje ook wat begon te vervelen. Met *Reizen Waes* zijn we gewoon ons eigen scenario te volgen en af en toe eens in te spelen op wat toevallig ons pad kruist. Maar in Bhutan kregen we eigenlijk echt één lange rondleiding langs de geijkte trekpleisters. We reisden van het ene hotel voor toeristen naar het andere, waar elke keer een lekker, maar identiek hetzelfde buffet klaarstond: aardappelen in een soort mayonaise, vlees of vis, bonen in pikante dressing, linzen...
Na een tiental dagen bekroop mij dus de drang om zelf eens achter het stuur te springen en eropuit te trekken. Dat kon strikt genomen niet, maar toen we in een plattelandsdorpje aankwamen en een arm

boerenvrouwtje ontmoetten, trok ik mijn stoute schoenen aan. Ik drong er bij Yishi op aan om een dag en een nacht bij de vrouw te mogen doorbrengen. Zij kreeg dat tot mijn vreugde geregeld. Eindelijk zouden we iets doen wat voor andere toeristen onmogelijk was.

Hoe kort ook, Pascal en ik hebben bij die vrouw een onvergetelijke dag beleefd. We moesten er voor dag en dauw opstaan om aan het werk te gaan – uiteraard pas nadat we de goden gunstig gestemd hadden met wierook. Ik begeleidde de vrouw toen ze de koeien naar zonnigere weilanden bracht, ondertussen genietend van het fantastische landschap, en hielp haar hout te kappen en noedels te maken met een primitief toestel. Ongelooflijk vermoeiend, maar mentaal ook bijzonder rustgevend. Tussendoor even mijn mails checken was geen optie, want de vrouw beschikte niet over een internetverbinding. Sterker nog: ze had nog nooit van internet gehoord. Nu ben ik al op heel veel plaatsen ter wereld geweest, en ik kan zeggen: zulke mensen en zulke plaatsen, worden toch steeds zeldzamer.
Ik was ook oprecht aangedaan door de gastvrijheid van die vrouw, die zelf amper genoeg had om te overleven, maar geen seconde twijfelde toen we haar vroegen of we bij haar mochten verblijven. In afwezigheid van Yishi was communicatie vrijwel onmogelijk, maar ze was oprecht blij dat we er waren. Ze nam ons geregeld vast, en jongens toch, wat hebben we samen veel gelachen: toen ze me hielp bij het aankleden, toen ze op de grond spuugde en ik haar voorbeeld volgde, zelfs tijdens het gebed!

Kan een cultuurshock groter zijn? Kun je verder verwijderd zijn van je dagelijkse levensstijl dan ik die ene dag ben geweest? Natuurlijk zou ik niet met haar willen ruilen, maar het zorgt er wel voor dat je stilstaat bij je eigen leven en bepaalde dingen in vraag stelt. Zo vond ik het een verademing om te horen dat iemand nog nooit van het internet gehoord kan hebben.
Je kunt je afvragen of de afwezigheid van het internet de mensen niet dom of naïef houdt, maar eigenlijk is dat een pretentieus waardeoordeel. Ik had namelijk niet de indruk dat die vrouw daardoor ongelukkiger was. Ze kon net in haar eigen onderhoud voorzien en had dus bijna niets, maar wat ze had, deelde ze. En die glimlach leek wel op haar gezicht gebeiteld te staan.

Als je die vrouw morgen een gasfornuis geeft, waardoor ze alleen nog aan een knop hoeft te draaien om haar eten klaar te maken, dan wint ze misschien tijd om van alles bij te leren en haar horizon te verbreden. Maar zou dat haar oprecht gelukkiger maken? Nu is ze per dag drie uur bezig met hout verzamelen en vuur maken. En ik had de indruk dat ze daar best wel van genoot. Net zoals ik genoten heb van de ultieme onthaasting die ik er heb ervaren (ook al moest die onthaasting dan nog mooi in beeld worden gebracht).

Toen ons verblijf erop zat, was ik oprecht ontroerd. We moesten niet alleen afscheid nemen van de prachtige mens die dat vrouwtje was, maar tegelijk zat onze reis door Bhutan erop. En dat vond ik best jammer, want ik heb met volle teugen van dat bizarre land genoten.
Het was veruit de meest spirituele reis van allemaal. De levenswijze in Bhutan heeft me dan ook aan het denken gezet. Waar begint en eindigt beschaving? Kun je de vooruitgang tegenhouden, om tradities – en het geluk dat zulke tradities met zich meebrengt – te vrijwaren?
Nee, er is in Bhutan geen totale vrijheid. Bepaalde zaken worden van bovenaf opgelegd en andere verboden. Een McDonald's-restaurant vind je er bijvoorbeeld niet. Maar de Bhutanen gaan niet gebukt onder een dictatuur zoals Noord-Korea of Turkmenistan. Integendeel, Bhutan kwam op mij over als een bijzonder onschuldig land, zonder onderdrukking of corruptie. Sterker nog: afgaand op de hoeveelheid glimen bulderlachen die we tijdens ons verblijf hebben gezien, gehoord of zelf geproduceerd, durf ik te geloven dat Bhutan misschien écht wel het gelukkigste land ter wereld is.
Ik hoop dan ook van harte dat de Bhutanen zo lang mogelijk aan hun authenticiteit zullen kunnen vasthouden. Maar ik vrees er een beetje voor. Die ene pizzatent in hoofdstad Thimphu zat toch elke dag aardig vol...

GRADATIES VAN MODERNITEIT

Het vasthouden van de authenticiteit, daar is het ook de Lowinyo's op de Oceanische archipel **Vanuatu** om te doen.
In de jungle op het eiland Tanna, op nauwelijks een halfuur van de luchthaven en een kwartiertje van de bewoonde wereld, woont die stam

in een dorp waar de tijd schijnbaar volledig is blijven stilstaan. De mensen – je bent bijna geneigd om het woord 'inboorlingen' nog eens boven te halen – lopen er zo goed als naakt rond, op strooien rokjes voor de vrouwen en peniskokers voor de mannen na.
Het stamhoofd legde me uit dat de Lowinyo's bewust de moderne beschaving buiten houden. "Wij hebben geen geld, auto's, verwarming, licht of elektriciteit nodig. Onze bossen voorzien ons van voldoende eten. Wij hebben dus alles wat we nodig hebben." Je zou kunnen denken dat ze dan ook liever geen blanke toeristen laten rondneuzen, maar daar had de man geen enkel probleem mee. Hij was trots om ons hun manier van leven te laten zien. En ik was natuurlijk blij met die gastvrijheid, want je krijgt niet elke dag de kans om met zo'n primitieve stam in contact te komen. Zeker niet anno 2012.
Het stamhoofd benadrukte dat stress hen volledig vreemd was, en daar moest ik hem gelijk in geven. Als tv-makers proberen wij altijd een strikt tijdschema te volgen, maar de Lowinyo's trokken zich daar niets van aan. We kregen wel te horen dat ze het lokale drankje kava zouden gaan drinken, maar wanneer dat zou gebeuren? Dat was afwachten. En effectief: die mannen verzamelden zich in het midden van het dorp en zaten daar urenlang te zitten, te praten, te lachen. Camera's of niet. Dan sta je wel stil bij de jachtigheid van je eigen leven. Misschien kunnen we van zulke stammen nog iets leren.

Toch hield ik gemengde gevoelens over aan de Lowinyo's. Samen met Rob Vanoudenhoven bezocht ik ooit een indianenstam in het Amazonewoud, die pas in de jaren zeventig was ontdekt. Je moest drie uur vliegen en daarna nog een tocht door de jungle ondernemen om die indianen te vinden. Toen we daar aankwamen, bleek dat het acht jaar geleden was dat westerlingen die stam nog hadden bezocht. Dus alle kinderen jonger dan acht jaar hadden nog nooit een blanke gezien! Dat is een heel confronterend besef, misschien wel de grootste cultuurshock die je je kunt inbeelden.

Hoewel de Lowinyo's op een even primitieve manier leven, voelde ik die schok dit keer veel minder. Zij woonden slechts op een boogscheut van de 'beschaafde' wereld, maar bleven toch hun ding doen. Wat me dan ook het meeste trof aan de levenswijze van de Lowinyo's, was dat het om een bewuste, weldoordachte keuze ging. Anders dan

die indianen in Brazilië, die de moderne wereld niet of amper kennen. Enerzijds vond ik dat bewonderenswaardig, maar anderzijds had het ook iets krampachtigs.
Zo'n zestig jaar geleden hebben de Lowinyo's trouwens geprobeerd om op een modernere manier te leven, maar daar zijn ze al snel op teruggekomen. Het moet gezegd: in de steden van Vanuatu hebben we nogal wat armoede en alcoholisme gezien, een bewijs dat veel autochtonen de overgang naar de moderniteit – met onder meer de druk om te werken en geld te verdienen – moeilijk verteren. Dat is natuurlijk een proces van meerdere generaties en Vanuatu is op dat vlak nog behoorlijk 'jong'. Het stamhoofd gaf toe dat ook heel wat jonge Lowinyo's zijn dorp hadden verlaten, op zoek naar 'het andere'. En ik heb er met een meisje gesproken dat al drie keer de bewoonde wereld had bezocht. Ze beweerde in slecht Engels dat ze er niet aan kon wennen, maar ik had toch een beetje het gevoel dat ze het achterste van haar tong niet durfde te laten zien. Ik vroeg me echt af wat zij zou doen, mocht ze in alle vrijheid mogen kiezen. Daardoor hing er ook een beetje een tragische sfeer, vond ik.

Dat gevoel werd achteraf nog versterkt door ons bezoek aan de Small Namba's, een andere primitieve stam op het eiland Malekula. Nu ja, 'primitief'. Ook daar werden we verwelkomd door halfnaakte kinderen en in de verte zagen we ook vrouwen in hun blote borsten rondlopen. Maar net zo goed duwde een man met een T-shirt en een short een kruiwagen voor zich uit. Er heerste even wat onduidelijkheid, zenuwachtigheid ook, vooraleer we uiteindelijk werden ontvangen door een zekere Eugene, netjes uitgedost in traditionele klederdracht. Toen enkele minuten later de hele stam zingend en dansend op ons afkwam, begon het ons te dagen. Hier was meer aan de hand. Deze Small Namba's voerden een goed georkestreerde show voor ons op.
Na een tijdje vielen de spreekwoordelijke maskers af en werd de schijn niet eens meer opgehouden. Na een verwelkomingsdansje en een 'authentiek' doopritueel met een verdacht grote baby, klonk het: "Staat het erop? Oké!" Waarop iedereen zijn hut introk en weer buitenkwam met moderne kleren aan. Het meest hilarische moment was toen een van de mannen een gsm bleek te dragen in een zakje rond zijn nek. "Als er toeristen komen, bellen we rond, zodat we klaarstaan", zei hij met de breedste aller glimlachen.

En dat is precies wat de Small Namba's doen: zij willen aan de westerse toeristen laten zien hoe de traditionele bevolking van Vanuatu leeft. Of moet ik zeggen 'leefde'? Terwijl de Lowinyo's de moderniteit volledig afzweren, maken de Small Namba's gebruik van zonnepanelen om elektriciteit te genereren en gaan ze op de markt in de bewoonde wereld hun goederen ruilen of verkopen. Maar ze wonen wel degelijk nog in hutten en gaan op een primitieve, zelfs gevaarlijke manier op krabben jagen. Mijn conclusie luidde dan ook dat hun levenswijze de mooiste manier is om moderniteit en traditie met elkaar te verbinden. Ik vind het oprecht knap hoe ze niet zomaar alle oude gebruiken overboord gooien en bij wijze van folklore willen doorgeven aan de volgende generaties en de toeristen, die daar in veel groteren getale langskomen dan bij de Lowinyo's.

Onze kennismaking met de Small Namba's heeft ons trouwens even doen twijfelen aan de authenticiteit van de Lowinyo's. Maar we waren er al snel uit: in dat eerste dorp merkten we aan de kinderen dat ze oprecht onder de indruk waren van onze aanwezigheid, en ook de vrouwen durfden slechts schoorvoetend dichterbij te komen. *No way* dat dat allemaal in scène was gezet.
Maar door de mooie mengvorm die de Small Namba's hebben ontwikkeld, stelde ik de levensstijl van de Lowinyo's nog meer in vraag. Waarom zou je nog elke dag hout gaan sprokkelen als het ook anders kan, met een combinatie van basiscomfort en tradities? Bij die vrouw op het Bhutaanse platteland had ik dat gevoel veel minder, omdat zij echt ver van de bewoonde wereld woonde én omdat in Bhutan het behoud van cultuur en traditie ook wordt gestimuleerd. Maar de primitiviteit in Vanuatu is sowieso een eindig verhaal, want het moderne leven rukt er alsmaar meer op. Wat gaat bijvoorbeeld in die mensen hun hoofd om als ze vliegtuigen over hun dorp zien vliegen?

De ontmoeting met de Big Namba's – zo genoemd vanwege hun grotere peniskokers – beloofde om een totaal andere reden een cultuurshock te worden. Volgens de toeristische info zou het immers om een kannibalenstam gaan. Terwijl de Small Namba's onder invloed van de missionarissen al in de jaren veertig gestopt waren met het verorberen van soortgenoten, zou die traditie bij de Big Namba's nog iets... verser zijn. De Big Namba's trakteerden ons opnieuw op een ingestudeerde show

van traditionele dansjes, maar daar hadden we – om het met een toepasselijke uitdrukking te zeggen – onze buik intussen van vol. Wij wilden vooral weten of zij nog steeds mensen opaten of niet.
Tot op vandaag kan ik er nog steeds de vinger niet op leggen. Officieel is het verboden, maar er is een verschil tussen 'het mag niet' en 'het gebeurt niet'. Dat bleek ook, want hun woordvoerder vertelde dat zijn grootvader in 2006 nog mensenvlees had gegeten en daardoor in de gevangenis was beland. In 2006! De woordvoerder zelf beweerde dat hij nog nooit mensenvlees had gegeten, maar hij wist wel dat het niet zo lekker was als rundvlees... De ware toedracht was dus moeilijk te achterhalen.
Voor alle duidelijkheid: hun kannibalisme beantwoordde niet aan het beeld dat wij westerlingen ervan hebben. Het is niet zo dat zij vijanden levend in een grote pot water op het vuur zetten, zoals in de stripverhalen, laat staan dat ze willekeurig dorpsgenoten uit hun hut sleurden als hun maag begon te grommen. De Big Namba's aten alleen het vlees van dode mensen, meer bepaald van vijanden die bij stammentwisten om het leven waren gekomen. Ver weg van de vrouwen en de kinderen sneden de mannen dan stukken vlees weg, alleen uit de billen, en aten dat op om hun razernij te bedaren. Het ging dus om een soort oorlogstraditie.
Ik kreeg ook de offerplaats te zien, waar botten en schedels een beetje te ostentatief tentoongespreid lagen, wat me deed vermoeden dat die plek vooral diende om aan toeristen te laten zien. Echt luguber vond ik het dan ook niet. Dat was wel anders geweest als daar nog een half opgevreten lijk had gelegen. Maar bij gebrek aan stammentwisten en door het wettelijke verbod was die kans sowieso klein. Ik heb zelf dan ook nooit het gevoel gehad dat ik daar gevaar liep. Ik moet zelfs zeggen dat ik er begrip kan voor opbrengen. Vroeger had ik zeker gezegd dat kannibalisme zo snel mogelijk moest worden afgeschaft. Maar nu ik het verhaal erachter ken en weet dat ze alleen dode lichamen van vijanden opeten (of opaten?), denk ik er wel iets genuanceerder over.

ERPS-KWERPS IN DE TROPEN

In **Paraguay** maakte ik compleet het tegenovergestelde mee van een cultuurshock. Het land was tussen 1865 en 1870 het decor van de bloedigste oorlog die het Zuid-Amerikaanse continent ooit gekend heeft. In zijn strijd tegen de Drievoudige Alliantie (Brazilië, Argentinië en Uruguay) verloor Paraguay de helft van zijn bevolking, grotendeels mannen. Om de economische crisis die daarvan het gevolg was tegen te gaan, besloot de overheid om grote stukken van het grondgebied goedkoop te verkopen aan wie het ook maar wilde. Zo werd het geïsoleerde Paraguay een aantrekkingspool voor wie ver van alles een nieuw leven wilde beginnen.

Een groep Australiërs richtte er Nueva Australia op, terwijl Finse vegetariërs er een soort commune wilden beginnen. Door gemengde relaties met de inheemse bevolking brokkelde het idee van een afgeschermde samenleving met eigen gewoontes en tradities echter af. In 1887 al overtuigde Bernhard Förster, antisemiet en schoonbroer van de beroemde filosoof Friedrich Nietzsche, veertien families om zich samen met hem in Paraguay te vestigen en er een zuiver Arische gemeenschap op te bouwen: Nueva Germania. Ook andere Duitse kolonies, sommige veel onschuldiger van achtergrond, zagen in Paraguay het levenslicht.

Toen nazi's en collaborateurs na de Tweede Wereldoorlog een veilig onderkomen zochten, konden ze dus niet alleen in Brazilië en Argentinië, maar ook in Paraguay terecht. En dat gold blijkbaar ook voor een aantal 'verbrande' Vlaamse families.

In het dorpje Capitán Miranda bezocht ik de lokale Vlaamse gemeenschap. Tot mijn grote verbazing ontvingen Patrick en Conny, broer en zus, me in perfect Nederlands, zij het met een accent. Nochtans was Patrick geboren en getogen in Paraguay en had hij België nog maar één keer bezocht, amper een jaar eerder. Patricks vader Jan, die op zijn elfde met zijn ouders naar Zuid-Amerika was gekomen, leefde ook nog en ontving me bij hem thuis. Het was alsof ik was teruggeflitst naar het huis van mijn eigen grootouders: donkere houten antieke meubelen, sierborden en beeldjes, zwart-witfoto's, onder meer van Koning Boudewijn. Dit leek wel een huiskamer uit pakweg Erps-Kwerps, maar dan ver onder de evenaar.

Deze vriendelijke mensen namen me mee naar de overkant van de straat, waar zich het clubhuis bevond van de Asociación de Flamencos en América, of in het Nederlands: de VIA, de Vlamingen in Amerika. Op de gevel stond een grote Vlaamse Leeuw afgebeeld. Op deze plek kwamen de 'Vlaamse' inwoners uit Capitán Miranda, zij het vooral de ouderen onder hen, samen voor speciale gelegenheden. En mijn komst was blijkbaar zo'n gelegenheid, want er was een heuse wafelenbak georganiseerd. Wat een bevreemdende ervaring was het om op duizenden kilometers van huis een koffieklets te houden met allemaal Nederlandstalige Paraguayanen!

Ze woonden allemaal in dezelfde buurt, al was Capitán Miranda geen puur Vlaamse nederzetting, zoals het naburige Hohenau zich wel als een Duits dorpje profileerde. De Vlamingen hebben in grote mate bijgedragen tot de welvaart van de autochtone bevolking. Dankzij hen zijn er degelijke wegen aangelegd en werden er jobs gecreëerd. Een van hen had nog steeds een kippenbedrijf waar tientallen Paraguayanen hun brood verdienden.
De Vlamingen die er nu nog wonen, zijn trots op hun roots, anders zouden ze hun taal niet blijven doorgeven aan de volgende generaties, maar ze leven er in symbiose met de *locals*. En met elke generatie zal die integratie of samensmelting sterker worden, want over het verleden wordt begrijpelijkerwijs steeds minder gepraat. Maar dat is een ander verhaal, waar ik verder nog op terugkom.

WELCOME TO AFRICA!

En dan is er natuurlijk nog Afrika. Het was allesbehalve eenvoudig om op dat continent een geschikte bestemming te vinden. Interessante opties in overvloed, maar op de meeste plaatsen wogen de contra's helaas zwaarder door dan de pro's.
Noord-Afrika liet ik liever links liggen sinds de oproep van IS om in alle islamitische landen westerlingen te bekeren of te vermoorden, met de moord op een onschuldige Franse toerist in Algerije tot gevolg.
In het zuiden van het continent, in landen als Zuid-Afrika, Namibië, Zimbabwe, Botswana, vreesden we dat de cultuurshock niet groot genoeg zou zijn. En in West-Afrika ligt er altijd wel een burgeroorlog op de loer: Liberia, Nigeria, Ivoorkust... De redactie was op een gegeven moment al in een heel vergevorderd stadium om Sierra Leone te bezoeken, maar de ebola-epidemie heeft die plannen doorkruist.
En zo komt het dat **Zuid-Soedan**, dat we in het eerste seizoen al hebben bezocht, de enige Afrikaanse bestemming van *Reizen Waes* is gebleven. Zuid-Soedan leek ons een boeiende keuze, omdat het land pas in juli

2011 onafhankelijk was geworden. Het is dus het 'jongste' of 'nieuwste' land ter wereld. Ruim een jaar na de afscheiding van de rest van Soedan wilden wij achterhalen hoe zo'n land omgaat met de pas verworven onafhankelijkheid, en dan vooral op het vlak van toerisme. Een telefoontje naar de ambassade maakte ons niet veel wijzer. "Wat er te zien is, weet ik niet", klonk het aan de andere kant. "Je zult je huiswerk moeten maken." Ook het internet bracht geen soelaas: de website van het ministerie voor Toerisme bestond uit welgeteld één pagina, met één foto en één telefoonnummer. Maar daar nam nooit iemand op.

Mocht het 'nieuwste' land ter wereld in Zuid-Amerika hebben gelegen, dan waren we daar naartoe gevlogen. Maar Zuid-Soedan lag toevallig in Afrika. En doordat het land nog volop in zijn kinderschoenen stond, werden alle clichés over Afrika extra in de verf gezet. Dat was allerminst onze bedoeling, maar we wilden wel een getrouw beeld geven. En of we het nu wilden of niet, we werden in Zuid-Soedan geconfronteerd met hallucinante toestanden.
We bevonden ons in het 'zwartste' Afrika waar ik ooit al geweest ben, waarmee ik bedoel: het land met de meest Afrikaanse mentaliteit. Ik besef dat ik mijn woorden moet wikken en wegen, dat ik niet mag veralgemenen. Het laatste wat ik wil, is beschuldigd te worden van racisme. Maar de Zuid-Soedanezen bleken nu eenmaal de exponent van alle vooroordelen die over het zwarte continent bestaan.
Zo kan ik best wel een beetje anarchie hebben, maar de manier waarop het personeel de totale chaos op de luchthaven aanpakte, sloeg echt alles. In een wanhopige poging om professioneel en georganiseerd voor de dag te komen, had men er blijkbaar allerhande administratieve systemen en procedures bedacht die de zaken alleen maar compliceerden. Eerst moesten we alle koffers van de hele crew verzamelen, zodat ze die samen konden controleren. Dat vergde al een heuse zoektocht en een hoop gesleur. Vervolgens duurde het een eeuwigheid vooraleer de controleurs zich daarmee bezighielden, want ze waren druk doende met van alles en nog wat. Joost mag weten wat precies. En zelfs nadat ze onze koffers eindelijk hadden geopend en nagekeken, moesten we nog wachten op een of andere stempel. Opnieuw veel drukdoenerij. Kregen we eindelijk groen licht, dan werden we 3 meter verderop weer tegengehouden door iemand anders in een veel te groot militair kostuum. Nog zo'n cliché uit de stripverhalen, maar die *oversized* ambtskledij zou een

rode draad worden door de hele reis heen. De Zuid-Soedanezen deden hun uiterste best om au sérieux genomen te worden, helaas met omgekeerd evenredig effect.
Behalve een immense cultuurshock werden we dan ook vooral frustratie gewaar. En dat brengt me naadloos bij het volgende hoofdstuk.

Tenenkrullend

DE AANHOUDER WINT

Zuid-Soedan was één lange confrontatie met de kinderziektes van een pas onafhankelijk geworden land. Dat toerisme niet bovenaan staat op het prioriteitenlijstje van een natie die nog de wonden likt na een jarenlange burgeroorlog, daar heb ik natuurlijk alle begrip voor. Maar in plaats van dat dan eerlijk toe te geven en duidelijkheid te verschaffen, hebben ze ons een halve reis lang van het kastje naar de muur gestuurd. Het enige wat we wilden weten, was of het mogelijk was om Boma National Park te bezoeken, een van de grootste wildparken ter wereld, met meer dieren dan het beroemde Krugerpark in Zuid-Afrika. Bloed, zweet en tranen heeft het ons gekost om een antwoord te krijgen. En tot overmaat van ramp was dat antwoord ook nog eens negatief.

De situatie op de luchthaven was een voorbode van wat komen zou: de Zuid-Soedanezen houden er blijkbaar van om alles ingewikkelder te maken dan nodig. Toen wij er waren, bevonden zich in hoofdstad Djoeba maar liefst 29 ministeries. De nodige vergunning voor een bezoek aan Boma National Park had dan ook veel weg van de spreekwoordelijke speld in een hooiberg.
Normaal zouden we de administratieve voorbereiding van zo'n trip nooit in beeld brengen, want daar zit geen enkele kijker op te wachten. In het begin dachten we bovendien nog dat alles wel in orde zou komen. Toen konden we nog lachen met 'het Ministry of Information of Information of Information of Tourist Information'. Maar toen we merkten dat we de speelbal waren van een corrupt zootje ongeregeld, hebben we na overleg met het thuisfront besloten om dat verhaal voluit te vertellen.
Het ministerie van Bosbouw, van Toerisme en Wildbeheer, van Informatie, van Binnenlandse Zaken: allemaal wilden ze een stempel, vaak tegen betaling, en verwezen ze ons door naar het volgende kabinet. Waar een ambtenaar met een afgestreken gezicht nog maar eens een nieuw document uit de mouw van zijn veel te grote kostuum toverde. Een van die bureaus was volgestouwd met bergen formulieren. Alsof hij zelf wist waarvoor die allemaal dienden!
Achteraf, toen we de aflevering monteerden, bekroop ons een gevoel van gêne. Als je de stuitende corruptie van die machthebbers ziet, ben je namelijk niet echt geneigd om nog geld naar Afrika te sturen. Maar

wij konden moeilijk anders dan dat verhaal te brengen, want anders bleef er veel te weinig beeldmateriaal over.

Onze gids David bleek trouwens geen haar beter te zijn. Hij bleef maar volhouden dat hij alles geregeld zou krijgen en vroeg daar ook alsmaar meer geld voor. Dat die centen elke avond op waren, weet hij steevast aan het feit dat hij had moeten tanken. Toen we eindelijk onze vergunning voor Boma beet hadden, liet hij ons ook nog eens met de auto door een rebellengebied rijden, terwijl we evengoed met het vliegtuig naar tussenstop Bor hadden kunnen vliegen. Voor ons was de maat toen vol. Toen we vernamen dat het te gevaarlijk was om naar Boma te reizen, zijn we teruggevlogen naar Djoeba, zonder David. Die hebben we ontslagen en in Bor achtergelaten bij zijn familie.
Intussen had de redactie in Brussel een betrouwbaardere fixer kunnen regelen. Terstond toverde die een grandioos alternatief uit zijn hoed: Nimule National Park, een kleiner natuurpark in het veiligere zuiden van het land, nabij de grens met Oeganda. Het ministerie van Wildlife wilde ons een vergunning geven, op voorwaarde dat de redactie vanuit Brussel fotootjes van de crew doormailde. Zo gezegd, zo gedaan. Alleen bevond zich op dat ministerie geen printer, zodat wij er zelf een moesten zoeken. Net toen we wilden afdrukken, viel de lokale generator echter uit en moest er worden bijgetankt. Een halve dag hebben we verspeeld om één bladzijde te printen!

Achteraf kun je daarom lachen, maar op het moment zelf dreigde de hele trip naar Zuid-Soedan weinig meer om het lijf te hebben dan die aaneenrijging van frustraties. Maar zoals wel vaker – uitdrukkingen ontstaan niet zomaar – draaide het uit op 'eind goed, al goed'. Nimule National Park bleek immers een schot in de roos. Niet dat het park een baken van professionalisme was. We werden er ontvangen door Charles, een oude, grijze leidinggevende die in allerijl zijn *marcelleke* inruilde voor een legerhemd. Onze papieren waren in orde en hij stuurde ons op pad met enkele jonge parkwachters, die nogal achteloos met kalasjnikovs aan de ingang van het park rondslenterden. Echte dierenvrienden leken het op het eerste gezicht niet.

Onze reis stond of viel niet met beelden van wilde dieren, maar toch. De aflevering kon nog een positieve uitsmijter gebruiken. Dus had

ieder van ons wel het gevoel dat we een olifant te zien móésten krijgen. In Turkmenistan hadden de gidsen dat wel even snel voor ons geregeld, en veel kans dat ze die dan nog hadden laten dansen op een bal. Maar in Nimule was het *the real thing*, geen opgezet spel.
We hadden geluk. Vanuit ons bootje zag ik voor het eerst in mijn leven Afrikaanse olifanten, maar ook nijlpaarden, apen en prachtige vogels, allemaal in volle vrijheid. Nimule Park draaide uit op een formidabele ontdekking. Net omdat het park nog niet toeristisch was uitgebaat, net door dat aandoenlijke amateurisme, was de belevenis veel authentieker. Op zulke momenten ben ik dan ook geneigd te denken: Houden zo. Wie dit wil zien, moet er dan maar een grotere inspanning voor over hebben. Als ik daarentegen aan de toekomst van Zuid-Soedan als land denk, dan is 'Houden zo' niet van toepassing. Dan hoop ik eerder dat soldaat Michael, die ons begeleidde in Nimule, gelijk krijgt: "Onze regering is net een baby die pas vorig jaar geboren is. Als je van een kind houdt, ga je er alles voor doen, zodat het beter kan opgroeien. Dit land is nog niet ontwikkeld zoals andere landen. Over vijf jaar zullen we op hun niveau staan."

DE GROTE SCHONE SCHIJN-SHOW

Turkmenistan was een totaal ander verhaal. Daar wilden we bewust naartoe, net omdat het op Eritrea en Noord-Korea na het minst persvrije land ter wereld is. In de inleiding kon u al lezen wat voor een helse voorbereiding aan deze reis is voorafgegaan, maar uiteindelijk kregen we toch de toelating om als eerste buitenlandse cameraploeg een officiële toeristische reportage over Turkmenistan te draaien. 'Officieel', zo ontdekten we pas op de dag van onze afreis, betekende echter dat we een door de overheid aangewezen gids moesten meenemen, alsook enkele stagiairs van de Turkmeense tv. Lees: waakhonden.
Dat was eigenlijk te verwachten, want uit de alweer grondige research van de redactie was gebleken dat Turkmenistan een van de strengste dictaturen ter wereld is. Met als bonus dat de presidenten er een hoogst bizarre cultus ter ere van zichzelf creëren.

NARCISME TEN TOP

De eerste president van Turkmenistan na het uiteenvallen van de Sovjet-Unie, Saparmurat Niazov, doopte zichzelf om tot 'Turkmenbashi',

oftewel 'Vader der Turkmenen'. Hij richtte The World of Fairytales op, een gepersonaliseerd pretpark waarin zijn persoontje zo'n beetje de rol van Mickey Mouse vervult, en bouwde pal in het centrum de Ark van Neutraliteit, een 75 meter hoge toren met daarbovenop een gouden standbeeld van hemzelf mét cape, dat bovendien meedraaide met de zon. Minder onschuldig: onder Turkmenbashi's bewind vervreemdde Turkmenistan volledig van de buitenwereld, waardoor niemand zomaar het land in en uit kon.
Nog steeds niet trouwens, want zijn opvolger Gurbanguly Berdimuhamedow – díé zou misschien beter een bijnaam verzinnen – heeft die lijn gewoon doorgetrokken. Berdimuhamedow, tandarts van beroep en volgens kwatongen een bastaardzoon van de vorige president (al is hij 40 centimeter groter dan Turkmenbashi), doet er voor het overige wel alles aan om de erfenis van zijn voorganger uit te wissen. Zo heeft hij de Ark van Neutraliteit van het centrum naar de rand van de stad verhuisd én het beeld erbovenop laten verwijderen "om de uit de hand gelopen idolatrie een halt toe te roepen". Ook zo goed als alle andere reuzenposters en standbeelden van Turkmenbashi zijn verwijderd en zijn beeltenis werd in spoedtempo van de bankbiljetten gehaald. Berdimuhamedow is echter geen haar beter. Zo staat hoofdstad Asjchabad ondertussen vol met standbeelden van hemzelf, is een van de staatszenders voortdurend aan hem gewijd en staat hij elke dag op de voorpagina van de krant. Rond zijn verjaardag wordt op de televisie een soort verjaardagsshow uitgezonden met allerlei lofliederen ter ere van de president. Als kers op de taart wordt het aanwezige publiek, dat wel heel overtuigend glundert en applaudisseert, op het einde van die show getrakteerd op een lied door en over de president, die zichzelf op gitaar begeleidt. Maar het is overduidelijk dat hij playbackt: hij zingt slechts af en toe een zinnetje mee en zet zijn vingers amper op de snaren! Check de beelden op YouTube, het tart echt elke verbeelding.

THE TRUMAN SHOW

In zo'n sfeer van schone schijn is het niet verwonderlijk dat ook de journalistieke vrijheid aan banden wordt gelegd. We moesten van de autoriteiten beloven dat we zouden met stoppen met filmen van zodra we het Turkmeense luchtruim betraden. En het was hen blijkbaar menens, want amper waren we geland of we zaten al bijna op een vliegtuig terug. Onder het motto 'Wie niet waagt, niet wint' droeg ik op de luchthaven

een kleine, onschuldige fotocamera op de borst, terwijl regisseur Gijs een groot fototoestel bij zich had. Zogezegd om foto's te nemen, maar heimelijk wilden we toch iets proberen te filmen. Maar dat was buiten de uiterst waakzame ordediensten gerekend. Na amper 50 meter hadden die ons al door. En het volstond niet om te beloven alles uit te zetten. Ze scrolden samen met ons door het menu van onze camera's tot we de bewuste bestanden konden laten zien en... wissen.
Maar goed, we waren vooraf gewaarschuwd. VRT-journalist Rudi Vranckx, de organisatie die de reis mee had geregeld, de staatsgids die we ter plaatse zouden krijgen... Allemaal hadden ze ons op het hart gedrukt dat we binnen de lijntjes zouden moeten kleuren. En voor de zekerheid kregen we vooraf een lijstje doorgemaild met wat we zeker niet mochten filmen: de president, vervallen huizen, arme mensen... en ezels!
Tijdens een uitstapje naar zwavelmijnen wilden we vanuit het busje een shot nemen van de ingang van het domein. Wij waren ons van geen kwaad bewust, maar zodra onze cameraman begon te filmen, voelden we de onrust onder de begeleiders toenemen en enkele seconden later werden we gedwongen om de camera uit te zetten. Waarom? Omdat op de voorgrond een ietwat bouwvallig huisje stond met een gebarsten ruit. Alsof er in België geen gebouwen staan met gebroken glas!
Nog veel minder fraai: de Russische gids Elena, een toffe dame voor wie het Nederlandse reisbureau gezorgd had, mocht van de Turkmeense tv niet in beeld komen wegens 'te lelijk'. Haar plaats werd ingenomen door een irritante vrouw, die werkelijk over alles dwarslag.

Minstens even ergerlijk als wat we niet mochten filmen, was wat we móésten filmen. Terwijl gids Aziz plichtsbewust zijn land verheerlijkte, troonde hij ons mee naar alle *must see's* van hoofdstad Asjchabad.
De Ertugrul Gazi-moskee: splinternieuw, kraaknet en met een verwarmde vloer. Maar zonder gelovigen. Die gingen blijkbaar allemaal bidden in andere moskeeën, die natuurlijk niet op het programma stonden. We mochten zelfs niet te hard benadrukken dat Turkmenistan een moslimland is. Terwijl we ons in een moskee bevonden.
Het tapijtenmuseum met het grootste handgeweven tapijt ter wereld. Wel 315 vierkante meter groot en – ik zeg maar wat – 300 kilometer gebruikte wol! Ik heb al spectaculairdere dingen gezien.
De centrale pleinen met mastodonten van standbeelden. En o wee als

we per ongeluk nog een overgebleven beeld van Turkmenbashi in beeld dreigden te krijgen. Dan moest alles opnieuw.
Asjchabad zelf was van een ongeziene properheid, maar hoe kan het ook anders als er geen levende ziel te bekennen valt? De eerste drie dagen werden we van het ene gebouw naar het andere monument meegezeuld, maar we hebben geen enkele gewone sterveling gezien, laat staan gesproken.

Op sommige momenten voelde het echt aan alsof we in een soort *Truman Show* meespeelden: alles om ons heen leek wel een decor waarin wij de acteurs waren. De gigantische marmeren flatgebouwen baadden 's avonds wel in een (ecologisch onverantwoorde) lichtshow, maar daarachter leek nooit een gewone lamp te branden.
De centrale boulevard lag vlak bij ons hotel, maar was een *no go*-zone voor onze filmploeg. Op een ochtend jogden de cameraman en ik er (zonder camera) naartoe om te weten te komen wat er dan wel te zien was, maar het antwoord was: niets. Niemand.
Ook ons hotel was volledig leeg, op onze verdieping na. Op den duur waren wij ervan overtuigd dat alleen onze kamers tot in de puntjes waren ingericht. Het is toch moeilijk te geloven dat de 870 kamers van het reusachtige hotel voortdurend worden onderhouden als er nooit gasten verblijven?

Toen we op een ochtend de leegte in het hotel in beeld wilden brengen, kookten de potjes van onze Turkmeense waakhonden over. Ze gingen onze cameraman nogal agressief te lijf. Nu had ik de eerste dagen al heel veel onzin geslikt. Soms had ik me zelfs extreem vriendelijk opgesteld, in de hoop mijn gidsen gunstig te stemmen en dingen gedaan te krijgen. In die zin was Turkmenistan een goede oefening in diplomatie. Maar nu gingen ze echt te ver. Ik had genoeg gezalfd, de tijd was rijp om te slaan. Niet letterlijk natuurlijk, ik ben niet gek, maar ik ben wel serieus uit mijn krammen geschoten.
Resultaat: we vlogen het hotel uit. En onze tapes van die ochtend zouden worden gewist. Toen we zogezegd onze koffers gingen pakken, hebben we kopieën genomen van alle beelden die we de voorbije drie dagen hadden geschoten. Want als we het land zouden worden uitgezet, moesten we het met die beelden doen. Probleem: dat kopiëren nam wel wat tijd in beslag. De security bonkte elke tien minuten op onze

deur, maar we slaagden erin om ze nog een vijftal uur aan het lijntje te houden met een verzonnen uitleg over technische problemen met de camera's.

CALYPSO DRAAIEN

Toen we naar een ander hotel waren overgebracht, hebben regisseur Gijs en ik beslist om het accent van de aflevering volledig op de censuur en de in scène gezette bezoekjes te leggen. De kijker verwacht van *Reizen Waes* immers geen voorgekauwde toeristische info en een rist opgelegde bezienswaardigheden. Zodra we ons over onze ergernis heen hadden gezet, zagen we veel gemakkelijker de humor van de situatie in en werden we er ons van bewust dat we aan een topaflevering bezig waren.

De Turkmeense begeleiders mochten dat natuurlijk niet in de gaten krijgen, dus heeft onze cameraman van toen af zijn trukendoos geopend. Hij zette het stand-bylampje van zijn camera voortdurend uit, wat echter niet betekende dat de camera niet draaide. Telkens als hem werd gevraagd om niet te filmen, wees hij naar het gedoofde lampje en liet hij expliciet het verschil zien: "Lampje aan: filmen. Lampje uit: niet filmen." Waarna hij met een afgestreken gezicht verder draaide.

We moesten er nadien, tijdens de montage, wel over waken dat we onze gids Aziz niet in de problemen brachten. Als de toestemming om te filmen van hem afhing, dan konden we die 'illegale' beelden eigenlijk niet brengen. Dat kon alleen als we op eigen risico ongehoorzaam waren geweest of op plaatsen waar Aziz niet verantwoordelijk was, zoals de markt. Maar daarover lees je later meer.

Het omgekeerde deden we ook: niet draaien als we verondersteld werden dat wél te doen. We moesten immers regelmatig oersaaie dingen draaien waarvan wij op voorhand wisten dat ze tijdens de montage in de vuilnisbak zouden belanden. Dan hadden we vijf uur lang ons stinkende best gedaan, en vroeg die dikke meneer van de Turkmeense tv doodleuk of we dat nog eens konden doen "voor de Turkmeense kijkers". Want een van de voorwaarden om Turkmenistan te mogen bezoeken, was dat de Turkmeense tv een reportage aan ons bezoek aan het land mocht wijden. In de praktijk betekende dat dat wij eigenlijk twee documentaires tegelijk aan het maken waren. Tot overmaat van ramp moeiden die Turkmenen zich voortdurend met ons werk – "Een

beetje naar links, een beetje naar rechts" – tot wanhoop van onze anders zo rustige cameraman Jef, die ik daar echt kwaad heb zien worden: "Mag ik alstublieft mijn werk nog doen!?"
Die dubbele shiften waren zo vermoeiend dat we na een tijdje beslisten om bij de minst interessante onderwerpen 'calypso te draaien'. Dat is ons codewoord om te zeggen: nu gaan we doen alsof, om niet te veel tape te verspillen.
Dus toen de gidsen zeiden: *"You have to show the Belgian people this beautiful carpet"*, zei ik: "Dames en heren, appelen en peren, citroenen en bananen, dat eten de indianen." Terwijl de camera uit stond. De grootste uitdaging is dan om niet in lachen uit te barsten.

Ook ikzelf weigerde al te veel inspanningen te doen voor de Turkmeense reportage. Als zij ons dwarsboomden, dan wij hen ook. Dus trok ik mijn stand-ups helemaal in het belachelijke, door kinderlijk naar de kijker te zwaaien en van die lagereschoolimpressies mee te geven. Zoete wraak, maar soms werd het me toch nog te veel.
In kuststad Avaza bijvoorbeeld, een megalomane imitatie van het Turkse Antalya, waar president Berdimuhamedow een miljard dollar tegenaan gooit. Ik dacht dat hoofdstad Asjchabad al kunstmatig was, maar Avaza was nog ontelbare keren absurder. In het midden van de woestijn worden bespottelijk luxueuze hotels, restaurants en bars gebouwd, alsook pretparken en een skipiste. Wie op een bootje wil varen, kan dat op een speciaal aangelegd kanaal. Tijdens ons bezoek stond alles nog leeg, en ik vraag me nog steeds af wie daar ooit op vakantie zal komen. Kan de gewone Turkmeen dat betalen? En zullen buitenlandse toeristen dan toch welkom zijn?
In elk geval, toen we aan de ingang van een hotel een besluit wilden filmen voor de Turkmeense reportage, was die deur niet indrukwekkend genoeg naar de zin van de lokale 'regisseur'. Dus hebben we de halve stad doorkruist op zoek naar een imposanter exemplaar. Mijn conclusie in beeld was navenant: "Avaza, absolute waanzin." Waarop ik me tot Aziz richtte: *"Okay, it was a nice door. Thanks."*

Wij hadden dolgraag het resultaat van hun documentaire gezien, maar ondanks herhaaldelijk aandringen hebben we nooit antwoord gekregen. Waarschijnlijk is het project een stille dood gestorven. Alsof zij zich de moeite zouden getroosten om een vertaler te zoeken voor mijn

Nederlandstalige impressies!
Zoals vooraf afgesproken, stond de Turkmeense tv er wel op om onze beelden te controleren op het einde van de reis. De verantwoordelijke wilde alles bekijken in de tv-studio, maar cameraman Jef was zo sluw om hem eerst de allersaaiste cassette te laten zien. Na een halfuurtje vroeg de slaperige man: "Hoelang duurt dit nog?"
Het antwoord van Jef: "Nog drie uur en zestien minuten. En zo heb ik nog een veertigtal tapes." De man zag het nutteloze (en vooral het eindeloze) van zijn onderneming in en gaf er de brui aan.

DICTATUUR?

Als ik nu terugdenk aan Turkmenistan, dan vind ik het nog steeds een rotland, net door die ergernis over het rookgordijn dat de hele tijd opgetrokken werd. Het was overduidelijk dat we het land niet mochten laten zien zoals het was: een dictatuur.
En toch... De president mag dan wel opera, ballet, karaoke, gouden tanden en baarden verbieden omdat hij die dingen niet leuk vindt, al bij al zijn dat onschadelijke voorbeelden van willekeur. Erger is dat het verboden is om internationale zenders te bekijken, maar afgaand op de hoeveelheid schotelantennes die ik op elk flatgebouw zag hangen, denk ik dat de gemiddelde Turkmeen zich daar niet al te veel van aantrekt. Bovendien krijgt iedereen gratis gas, olie, benzine, elektriciteit, zout en water. Daardoor kunnen veel Turkmenen overleven zonder te werken – de helft van de bevolking werkt trouwens voor de overheid, een restant van het communistische verleden. Dat zijn natuurlijk zoethoudertjes om opstanden te voorkomen, maar ik had op geen enkel ogenblik de indruk dat de Turkmenen gebukt gingen onder de dictatuur. Al moet ik heel voorzichtig zijn met dat soort uitspraken, ik heb tenslotte met geen enkele gewone burger kunnen spreken.

Toch twijfel ik er niet aan dat de meer intellectuele Turkmenen zich vragen stellen bij alle schone schijn en de gesloten grenzen. In tegenstelling tot wat de kijker zou kunnen afleiden uit de aflevering, was onze gids Aziz een goed voorbeeld van zo'n kritische Turkmeen. Als lid van een gegoede familie had hij de kans gekregen om in Moskou te studeren en onder meer ook Berlijn te bezoeken. Wereldvreemd was hij dus allerminst. Enerzijds was hij oprecht trots op zijn land, anderzijds waren er ook momenten waarop hij ons aankeek met een blik van:

ze zijn weer met onze kl... aan het rammelen. Buiten beeld klaagde hij trouwens vrijuit over het gebrek aan vrijheid en democratie in zijn land. Aziz was overduidelijk homoseksueel, maar dat openlijk toegeven, bleek nog een brug te ver. "In Turkmenistan zijn er geen homo's", klonk het weinig overtuigend. Hij was een geweldige kerel. Het afscheid was dan ook behoorlijk aangrijpend. Niet toevallig hoopte hij ieder van ons ooit terug te zien, maar dan 'zonder controle'.

LEVE DE LEIDER!

Van zodra het concept van *Reizen Waes* was goedgekeurd, prijkte **Noord-Korea** bovenaan op ons verlanglijstje. Door de oorlogszuchtige taal van de Grote Leiders is het land al ruim een halve eeuw totaal geïsoleerd van de buitenwereld, al sijpelen er geregeld hallucinante beelden door van strak geregisseerde optochten ter ere van de oercommunistische dictators. Als één land tot de verbeelding spreekt, dan is het Noord-Korea wel.

Dat we er pas na drie jaar naartoe zijn gereisd, ligt niet aan de antiwesterse houding van het land. Het is namelijk niet eens zo moeilijk om een reis naar Noord-Korea geregeld te krijgen. Dat kan vrij eenvoudig via het agentschap Koryo Tours, dat gevestigd is in de Chinese hoofdstad Peking en samenwerkt met de overheid in Pyongyang. Het probleem is dat Koryo Tours een van de weinige erkende agentschappen is en dat het met een wachtlijst werkt. Aanvankelijk leek alles in orde te zullen komen voor de eerste reeks, maar toen bleek dat we een cameraploeg zouden sturen, stonden we plots veel verder op de wachtlijst. Vreemd, want in diezelfde periode kreeg het Nederlandse programma *3 op reis* wel de toestemming om in Noord-Korea te draaien.

Toen de redactie voor de tweede reeks contact opnam met Koryo Tours, waren ze een pak bereidwilliger. We moesten wel referenties van het productiehuis opsturen, alsook gegevens over iedereen die zou meegaan (inclusief vorige opdrachten en jobs), en tekst en uitleg bij het programma. Productiehuis deMENSEN heeft op papier moeten zetten dat ik geen politiek journalist was en dat wij een reisprogramma zonder politieke insteek wilden maken. Om dat te staven, moesten we zelfs een aantal afleveringen opsturen. Wat Turkmenistan betreft, heeft de

redactie wel wijselijk alle clandestien gefilmde beelden en alle scènes waarin ik protesteerde weggeknipt. Al die info speelde Koryo Tours door aan de toeristische dienst in Pyongyang, die voor de extra gidsen en de filmtoelatingen zou zorgen.
Tijdens de research ondervond de redactie aan den lijve dat Koryo Tours geen enkel risico wilde nemen. Zo liet Debbie Pappyn, reisjournaliste voor *De Morgen*, ons weten dat het agentschap haar al vragen had gesteld over *Reizen Waes*. Idem dito voor Anja Daelemans, een Belgische producer die in Noord-Korea meewerkte aan de film *Comrade Kim Comes Flying*.
De redactieleden merkten ook dat nogal wat websites bij een tweede bezoek plots niet meer werkten. Misschien was het toeval, maar met vijfduizend mensen fulltime in dienst zou het niet eens zo verwonderlijk zijn dat de Noord-Koreaanse veiligheidsdienst in de smiezen had gekregen dat ergens in Brussel plots opvallend veel gesurft werd naar informatie over de DPRK (Democratic People's Republic of Korea – *what's in a name!*). Je zou voor minder paranoïde worden.

DO'S EN DON'TS

Maar goed, alles raakte in kannen en kruiken, dus konden wij afreizen naar Peking, waar Simon Cockerell, medewerker van Koryo Tours, ons een verplichte briefing gaf. Hij vertelde ons dat hij niet onze enige gids zou zijn. We zouden voortdurend in het gezelschap zijn van twee andere gidsen – Mister Lee en Honey, zo zou later blijken – en een chauffeur. Simon benadrukte dat we hen niet in de problemen mochten brengen: "Zij werken niet voor de Staatsveiligheid en hebben de strenge wetten niet zelf bedacht. Zij kunnen die regels hoogstens een beetje interpreteren, maar ze blijven wel verantwoordelijk voor ons en voor wat we doen."
In de praktijk kwam het erop neer dat we voor elke foto en elk shot de toestemming moesten vragen, dat we nooit in ons eentje mochten rondwandelen, en dat we niet kritisch mochten zijn over Kim Il-sung, de 'vader' van Noord-Korea, zijn zoon generaal Kim Jong-il en zijn kleinzoon maarschalk Kim Jong-un, de huidige leider.
Natuurlijk hebben wij aan Simon gezegd dat we af en toe graag wilden proberen om een kritische vraag te stellen, omdat het hypocriet zou zijn om alleen een goednieuwsshow te brengen over wat alom bekendstaat als een dictatuur. Net als in Turkmenistan wilden we zo veel mogelijk van 'het echte leven' zien, maar als ons dat onmogelijk werd gemaakt,

zouden we wel de aandacht vestigen op die censuur.
Simon had daar begrip voor, maar drukte ons tegelijk op het hart dat we toch maar beter voorzichtig konden zijn. Ook andere mensen hadden ons vooraf gewaarschuwd dat we in Noord-Korea niet zouden kunnen doen wat we in Turkmenistan hadden gedaan. Af en toe onze ergernis laten blijken aan de gidsen, dat kon nog door de beugel, maar heimelijk filmen: *no way.*

Vanaf het begin hebben we dat advies ter harte genomen. Vergeleken met Turkmenistan, waar we hoogstens het land konden worden uitgezet, is Noord-Korea toch *another cook*. Daar zitten nog steeds Europese journalisten in een of andere vergeetput te verkommeren, bij gebrek aan ambassades in de DPKR. Een Amerikaan die er twee jaar geleden bijbels had proberen te verkopen, is bijvoorbeeld pas onlangs vrijgekomen (hoewel hij veroordeeld was tot vijftien jaar dwangarbeid). Een landgenoot van hem werd in mei 2014 gearresteerd omdat hij een bijbel had achtergelaten in zijn hotelkamer. Ook hij is intussen vrijgelaten.
Nu heb ik in het verleden al bewezen dat ik ver wil gaan voor een tv-programma. Maar in de gevangenis belanden – laat staan een Noord-Koreaanse?
Dat is ook de reden waarom we het lot niet getart hebben door bijvoorbeeld op eigen houtje de omgeving rond het hotel te verkennen. Dat had trouwens niet veel opgeleverd, want net als alle andere toeristen verbleven wij in het Yanggakdo-hotel in Pyongyang, en dat bevindt zich, heel strategisch, op een eiland. Het was dus niet alleen onmogelijk om te telefoneren – een gesprek met mijn vrouw werd na enkele minuten afgebroken – we konden ook nergens heen. Totale controle.
Echt bang ben ik in Noord-Korea dan ook niet geweest, omdat je de situatie zelf in handen hebt. Toen we op een bepaald moment op een kilometerslange rechte weg reden, denderde naast ons een goederentrein over de spoorweg. Die stond vol met tanks en ander militair materiaal. Schitterende beelden, maar geen haar op ons hoofd dat er ook maar aan dacht om dat te filmen in het bijzijn van onze gidsen. Zoals Simon had gewaarschuwd, hadden we een ethische verantwoordelijkheid tegenover die mensen. Als die trein in de uitzending had gezeten, konden Mister Lee en Honey op het matje worden geroepen. Of erger.

VOLG DE GIDS

Niet dat mijn relatie met de gidsen altijd rozengeur en maneschijn was. Al snel werd ons duidelijk dat we in Noord-Korea een gelijkaardig scenario voorgeschoteld zouden krijgen als in Turkmenistan. Onze eerste verplichting bestond erin om de standbeelden van de Grote Leiders te groeten. We moesten een bloementuil dragen als was het een baby en op de geijkte manier aan de voet van het monument neerleggen. "Foto's nemen mag", schiep Honey vanaf dag één klaarheid, "maar dan wel van het volledige standbeeld, van kop tot teen. En bij het buigen moeten de zonnebrillen af. Respect tonen."
Dat tafereeltje werd ons niet één keer in de maag gesplitst. Ook niet twee keer. Nee, zowat elke dag en op elke plaats die we bezochten, moesten we Kim Il-sung en zijn nageslacht hulde brengen. Want overal in het land worden zij even devoot vereerd.

In tegenstelling tot de Turkmeense hoofdstad Asjchabad bleek Pyongyang geen spookstad te zijn waar de gewone mensen buiten beeld werden gehouden. Het was er best druk, met veel voetgangers en verkeer. Maar de plaatsen die we bezochten en waar 'gewone mensen' aanwezig waren, vervulden ons met argwaan. Zo nam Mister Lee ons mee naar een café, wellicht met de bedoeling om ons te laten zien dat het leven in Noord-Korea niet zo hard verschilt van dat van ons. Tot onze verbazing bevonden zich in dat café tientallen vrouwen die naar hartenlust halve liters Duits bier naar binnen goten en allerminst verlegen waren om ons aan te spreken. Ik betwijfel of dat integraal in scène was gezet, maar mij maak je niet wijs dat alle Noord-Koreanen welkom waren in dat café. Een getrouwe weergave van het leven in Pyongyang kon je dat moeilijk noemen, eerder een tijdsbesteding voor de happy few.
Hetzelfde gevoel bekroop me in kustplaats Wonsan, waar we halt hielden bij een zomerkamp voor de best presterende schoolkinderen van Noord-Korea. Het was een extreem kitscherige en elitaire sprookjeswereld waarin alles splinternieuw en groots oogde. En de kinderen zagen er – in al hun onwetendheid – dolgelukkig uit…

DE WAARHEID, EN NIETS DAN DE WAARHEID

Maar het was precies die onwetendheid, veroorzaakt door de strenge censuur, die me in Noord-Korea het meest tegen de borst stuitte. In Pyongyang is inderdaad weinig van de dictatuur te merken: de mensen lopen er gewoon naar hun werk, in hun kostuum en met een aktetas. En nee, zij hoeven zich waarschijnlijk weinig zorgen te maken over hun toekomst. Maar dat komt omdat de staat alles voor hen regelt. Ze mogen niets uit zichzelf doen en ze weten alleen wat hen wordt voorgekauwd.

Dat laatste werd pijnlijk duidelijk tijdens ons bezoek aan de Nationale Bibliotheek, gebouwd ter ere van – hoe kan het ook anders? – Kim Ilsung. De bibliotheek telt zeven verdiepingen ter grootte van een voetbalveld en is volgestouwd met dertig miljoen boeken.
Ik besloot er mijn stoute schoenen aan te trekken en op zoek te gaan naar westerse boeken, te beginnen met *The Old Man and the Sea* van Ernest Hemingway.
Hoewel de plaatselijke gids me verzekerde dat 60 procent van de aanwezige boeken uit het Westen kwam, leverde mijn zoekopdracht op de computer niets op. Minutenlang werd ik aan het lijntje gehouden, maar dit keer hield ik voet bij stuk en zocht ik op andere computers en andere verdiepingen. Ik had natuurlijk allang begrepen dat die dertig miljoen boeken vooral over veebedrijven en porseleinen kopjes gingen.
Tot ergernis van de gidsen tikte ik ook George Orwell en Franz Kafka in, auteurs die al iets subversiever zijn. En hop: als bij wonder dook plots toch een exemplaar van *The Old Man and the Sea* op. Blijkbaar hadden ze dat toch gelezen en als 'onschadelijk' bestempeld. Maar *For Whom the Bell Tolls* van diezelfde Hemingway? Ik dacht het niet. Net zomin als Orwell en Kafka.
Vervolgens werd ik met lichte dwang richting balkon gebracht, waar ik even moest wachten. Daar kon ik horen hoe Simon en Mister Lee in een discussie verwikkeld waren.

Mister Lee: "Ze moeten begrijpen dat DPRK-inwoners niet van westerse boeken houden."
Simon: "Dat is niet waar."
Mister Lee: "Jawel. Dat is waarom we die boeken hier niet hebben."
Simon: "Nee, je hebt die boeken niet omdat ze niet toegelaten zijn. Het zijn hoogstaande boeken, van internationale topkwaliteit. Ik vind dat we daar eerlijk over moeten zijn. Je moet niet zo'n ongeloofwaardige reden bedenken, want dat gelooft niemand. Als die boeken in Peking en overal ter wereld te vinden zijn, maar hier niet, dan is de reden duidelijk. Je hebt die boeken gewoon niet, punt uit. Nogmaals, je moet

eerlijk zijn. Sommige dingen zijn positief, maar sommige zijn ook negatief. Zo is het nu eenmaal."

Uit die discussie bleek dat Simon niet bang was om de dingen te benoemen. Dat waardeerde ik ook, maar het is wel bij die ene keer gebleven. Simon is een aangename en bijzonder intelligente man, maar het probleem is dat hij zich in een dubbelzinnige positie bevindt. Natuurlijk heeft hij zelf ook zijn bedenkingen, maar tegelijk zijn programma's en reizen als de onze zijn voornaamste broodwinning. Als een van zijn 'klanten' het Noord-Koreaanse regime aanvalt of ook maar een beetje doorprikt, mag hij zijn business opdoeken.
Als hij Mister Lee vraagt om niet te liegen en gewoon te zeggen waar het op staat, dan is dat nobel, maar tijdens mijn interview met een arbeider in de meststoffenfabriek in het oosten van het land, enkele dagen later, toonde hij zich toch weer van zijn meest diplomatieke kant.
Na lang aandringen kreeg ik daar eindelijk de toelating om met een 'gewone burger' te praten. Zolang ik oppervlakkige vragen stelde, was er geen vuiltje aan de lucht, maar toen ik de man vroeg hoeveel hij verdiende, bevroren de omstanders.
"Als ik veel werk," antwoordde de arbeider, "krijg ik 50.000 tot 60.000 yuan per maand, maar ik werk erg veel."
Achteraf, tijdens de vertaling in Brussel, zouden we ontdekken dat de directeur van de fabriek daarop zei: "Dat hoef je niet te tolken." Tevergeefs, Mister Lee was hem voor.
Op de vraag hoeveel dat in euro voorstelde, antwoordde Mister Lee: "Ongeveer 1.000."
Waarop Simon schaapachtig begon te grinniken: "Het is minder dan 1.000 euro..."
Achteraf bleek 60.000 yuan slechts 300 euro waard te zijn! Een hongerloon dus. De 'minder dan 1.000 euro' van Simon was dus een understatement vanjewelste...

Enkele maanden na ons deed ook VRT-journalist Stefan Meerbergen een beroep op Simon Cockerell om voor *Terzake* een reportage over Noord-Korea te draaien. Simon vertelde aan Stefan, zo hoorden wij achteraf, dat wij het hem knap lastig hadden gemaakt. Dat kan ik niet tegenspreken.

Nog een voorbeeld. Tijdens onze urenlange rit naar de Japanse Zee (de Oostzee, volgens de Noord-Koreanen) mochten we niet filmen, officieel "omdat de mensen daar niet vertrouwd zijn met camera's". Omdat het landschap na een tijdje ook begon te vervelen, besloot ik een film te bekijken op mijn iPad.
Plots vroeg Honey me of ze mocht meekijken, dus bood ik haar een oortje aan. Tot zover geen probleem.
Maar toen vroeg ik haar of ze de hoofdrolspeler kende.
"Nee", antwoordde ze.
"Dat is Tom Cruise."
"Ken ik niet", zei Honey. "Is dat een Amerikaan?"
Ik stelde aan de crew meteen voor om de scène opnieuw te draaien, omdat ik dit een prachtig voorbeeld vond van hoe Noord-Korea wel degelijk helemaal afgesloten wordt van de westerse cultuur. Maar zodra de camera's werden aangezet, nam Honey haar oortje eruit en ging ze apart zitten. De scène opnieuw opnemen was uit den boze, bevestigde ook Simon. Als die beelden zouden uitlekken, riskeerde Honey haar job.
De sfeer daalde terstond onder het vriespunt, maar dit keer wilde ik me niet zomaar het zwijgen laten opleggen. Ik vroeg de cameraman om enkele beelden van de omgeving te schieten. Want sinds we Pyongyang hadden verlaten, vingen we eindelijk een glimp op van de armoede en de honger die zonder twijfel in Noord-Korea aanwezig zijn: oudjes met torenhoge bussels graan op hun rug, mensen met sjofele kleren of aftandse fietsen, en boeren met ossen die een kar voorttrokken. Misschien konden we dan toch de volledige waarheid laten zien?
Maar dat was ijdele hoop. Al na enkele minuten vroeg Mister Lee ons weer om de camera's uit te zetten. En toen werd het me echt te veel: "Waarom mogen wij geen normale landschappen, normale wegen, normale dorpen met normale mensen filmen? We mogen alleen de grootse, fantastische dingen laten zien die jullie ons opleggen. Je moet ons standpunt toch ook verstaan?"
Maar zoals steeds knikte Mister Lee wat meewarig en luisterde hij verder naar de muziek in zijn hoofdtelefoon.
Deze woede-uitbarsting heeft de uitzending niet gehaald, maar voordien hadden we off-screen zeker al tien zulke discussies gevoerd. Of beter: non-discussies, want Mister Lee antwoordde zelden of nooit. Hij antwoordde ja in plaats van nee (of omgekeerd) of keek weg. Een

woordje uitleg kregen wij nooit, en als hij al iets vertelde, waren het grotendeels leugens, zoals in de bibliotheek.
Ja, Mister Lee heeft me meermaals op de zenuwen gewerkt. Al was ik eigenlijk niet kwaad op hem, maar op het systeem, omdat het de Noord-Koreanen blijft voorliegen.

FUCK THE SYSTEM

Na de reis zei klankman Pascal: "Dit was een veredelde schoolreis." En ik moet hem daarin bijtreden. Niemand van de ploeg had eigenlijk zin om nog eens naar Noord-Korea te gaan, of zelfs om aan anderen aan te raden om erheen te gaan. Elke dag slecht eten, voortdurend obligate bezoekjes.
Mentaal was dit de zwaarste reis van allemaal, de situatie in Noord-Korea stemde mij triest. Omdat je terug gekatapulteerd wordt naar vijftig jaar geleden, is de cultuurclash nog veel groter dan in Turkmenistan. Het isolement is ook nog veel verstikkender. In Turkmenistan wemelde het nog van de schotelantennes, maar in Noord-Korea is censuur wel degelijk censuur. Mensen hebben er geen enkele verbinding met het buitenland. Ook voor ons was dat bijzonder zwaar: internet was er niet en telefoneren kon alleen vanuit de lobby van het hotel, al kwam er meestal niet eens een verbinding tot stand. In die twee weken hebben we maar twee keer contact kunnen opnemen met de redactie – we voelden ons echt afgesneden van de buitenwereld.
Wij konden op onze kamer nog BBC World of Al-Jazeera bekijken – wellicht waren die zenders beschikbaar om toeristen te misleiden – maar op de verdieping van de gidsen kon je alleen afstemmen op de staatszenders, die de klok rond absurde mythes vertellen over hoe en waar de Grote Leiders zijn geboren en dat ze in de wolken leven. En de Amerikanen worden nog steeds de grond in geboord omdat ze de aanstokers zouden zijn van de Koreaanse Oorlog, terwijl de hele wereld weet dat het Noord-Korea is dat in 1950 het zuiden is binnengevallen.
Ter duiding een korte geschiedkundige uitweiding. Nadat tijdens de Tweede Wereldoorlog de Japanners waren verdreven met behulp van de Russen en de Amerikanen, hebben die beide grootmachten het land in twee invloedssferen verdeeld. De Sovjets bezetten het noorden, waar een communistisch beleid werd gevoerd; de Amerikanen het zuiden, dat op een westerse manier werd bestuurd. De bedoeling was om het land op termijn weer te herenigen, maar daar gaf Kim Il-sung

zijn eigen invulling aan. In een poging het communisme over het hele schiereiland uit te breiden, besloot de Noord-Koreaanse leider in 1950 het zuiden aan te vallen. Na een oorlog van drie jaar werd in 1953 de wapenstilstand ondertekend, maar sindsdien splitst de grens het oorspronkelijke land genadeloos in tweeën.

Het ergste vind ik dat de gidsen die Noord-Koreaanse (en anti-Amerikaanse) versie van de geschiedenis klakkeloos herkauwen. Maar hoezeer ik me daar ook aan geërgerd heb, ik kan het hen niet eens kwalijk nemen. Voor het regime heb ik geen enkel respect of begrip, maar voor de Koreanen zelf wel.
In de jaren vijftig is tussen beide landsdelen als het ware een muur gebouwd. De Noord-Koreanen zaten van de ene op de andere dag dus fysiek gevangen tussen het zuiden van het schiereiland en China, aan de andere kant van een onherbergzaam berggebied in het noorden. Af en toe probeert een zonderling weleens de overkant van dat gebergte te bereiken, maar als hij dat al overleeft, is de kans groot dat China hem terugstuurt naar Noord-Korea. En daar zijn ze niet mals voor landverraders.
Iedereen met een beetje verstand die de situatie ervoor had meegemaakt en kritisch durfde te zijn voor het nieuwe regime, werd in concentratiekampen opgesloten. Maar wie daarna geboren is, heeft op school alleen maar die ene waarheid ingelepeld gekregen. Die ene waarheid waar niet aan getwijfeld wordt, want er is geen enkele link met de buitenwereld.

Daarom denk ik soms dat we met zijn allen naar Noord-Korea móéten gaan. Want als er steeds meer buitenlanders op bezoek komen en vragen gaan stellen, dan zullen er ooit wel een paar gidsen zijn die zich nadien de vraag stellen: "Wat is dat toch allemaal? Worden wij dan zo voor de gek gehouden?"
Ik denk niet dat ik in mijn eentje Mister Lee of Honey aan het denken heb gekregen. Maar misschien heb ik een zaadje geplant dat door anderen verder wordt gevoed. Vroeg of laat moeten zij toch ook door onze ogen naar hun land kijken? Wie weet kan het systeem dan van binnenuit worden veranderd.

HET ANDERE UITERSTE

Zodra we wisten dat we Noord-Korea zouden kunnen bezoeken, kwam ook **Zuid-Korea** op ons lijstje. Op het eerste gezicht misschien een atypische bestemming voor *Reizen Waes*, aangezien Zuid-Korea geldt als een van de meest westerse landen van Azië. Maar vanuit een soort drang naar journalistieke objectiviteit waren we benieuwd naar de andere kant van die wraakroepende kunstmatige grens. Toen we twee maanden na onze trip door Noord-Korea in het zuiden landden, duurde het niet lang vooraleer we overtuigd waren van het nut van onze reis: het is haast niet te geloven hoe een en hetzelfde volk in een halve eeuw tijd in twee zo tegenovergestelde richtingen is kunnen evolueren.

DESILLUSIE

De beste manier om beide landen met elkaar te vergelijken is door te praten met iemand die na de splitsing in beide gebieden heeft geleefd. Dan kom je vanzelf uit bij Noord-Koreaanse vluchtelingen, maar die krijg je niet zomaar aan het praten voor de camera. Ofwel zijn ze bang om hun familie in het noorden in nauwe schoentjes te brengen, ofwel vrezen ze dat Noord-Koreaanse spionnen hen zouden kunnen ontvoeren richting het noorden. Gelukkig was Jang Jin-sung bereid om ons te woord te staan. Hij is niet zomaar een Noord-Koreaanse vluchteling, maar de voormalige propagandaschrijver/hofdichter van Kim Jong-il. Hij vluchtte in 2003 via China naar Seoel, van waaruit hij een online magazine leidt dat ongecensureerd nieuws over Noord-Korea brengt. Niet verwonderlijk dus dat het gebouw niet gefilmd mag worden van de buitenkant en dat er de klok rond bodyguards aanwezig zijn.

“Ik was net als alle Noord-Koreanen mijn hele leven grootgebracht met het beeld van een goddelijke leider, met bovenmenselijke eigenschappen, een onfeilbare persoon”, vertelde hij. “Maar toen ik Kim Jong-il eindelijk mocht ontmoeten, bleek de man die ik altijd als een Grote Leider had beschreven, plots een kleine man te zijn, in alle betekenissen van het woord. Hij liep op hoge hakken rond om zich groter voor te doen dan hij was. Hij sprak met veel taalfouten en niet bepaald verfijnd. Bovendien dronk hij als een orgel en rookte hij als een ketter, en gedroeg hij zich bijzonder boertig en onbeleefd tegenover zijn entourage. Dat was voor mij zo'n grote ontnuchtering... Kim Jong-il viel helemaal van zijn voetstuk. Hij bleek een gefabriceerde leider te zijn, en mijn hele waardenbesef viel uit elkaar. Ik besefte dat het regime ons leugens vertelde."

Daarna is Jang Jin-sung steeds meer op zoek gegaan naar de 'waarheid' over het regime en de buitenwereld, en dus begon hij samen met een vriend correcte informatie en boeken binnen te smokkelen. Op een avond besefte hij dat hij een westers boek op de trein had laten liggen. Hij wist dat het maar een kwestie van tijd kon zijn vooraleer de staatsveiligheid hem op het spoor zou komen en dus moest hij halsoverkop vluchten, zonder zijn familie. Na 35 dagen en enkele risicovolle avonturen kwam hij in Zuid-Korea terecht, waar hij nog een hele tijd in een safehouse heeft moeten verblijven.

"Laat me duidelijk zijn: zodra je aan het juk van Kim Il-sung en Kim Jong-il bent ontkomen, ben je al gelukkig", legde Jang Jin-sung me uit. "Dan ben je vrij en kun je zelf op zoek gaan naar het geluk. Helemaal anders dan in Noord-Korea, waar je deel uitmaakt van een groter opgelegd plan en waar je noch je studierichting noch je job kunt kiezen."

Maar de schok met de Zuid-Koreaanse levensstijl was niet min. Het kostte Jang Jin-sung behoorlijk wat tijd om zich aan te passen. "Veel illusies die de Noord-Koreaanse vluchtelingen koesterden, zijn hier uit elkaar gevallen. Het kapitalisme is namelijk ook verre van perfect. De Zuid-Koreaanse maatschappij is zo fel bezig met economie en vooruitgang dat er amper aan maatschappelijk welzijn wordt gedacht. Iedereen moet hier zijn eigen boontjes doppen. Voor wie nooit een vrije keuze heeft gekregen, is die schok niet te onderschatten."

De feiten geven Jang Jin-sung gelijk: Zuid-Korea mag sinds 1953 dan wel geëvolueerd zijn van een ontwikkelingsland naar een van de meest welvarende landen ter wereld, die onvoorstelbare boom eist een keiharde tol. Zuid-Korea is het land met de grootste werkdruk ter wereld, en ten gevolge daarvan het OESO-land met het hoogste zelfmoordcijfer per jaar – daarover later meer. Nog meer dan in Japan, waar de werkdruk ook legendarisch hoog is, geldt in Zuid-Korea de wet van de sterkste... en de mooiste.

het bekijkt. We kunnen eigenlijk alleen maar hopen dat het goed komt voor dat volk. Dat de Koreanen op termijn, en samen, een soort gulden middenweg vinden.

EEN DUBBEL GEVOEL

Net als in Turkmenistan en Noord-Korea moesten we ook voor **Iran** werken met een door de staat erkend reisbureau, moesten we onze route tot in detail doorgeven en de voortdurende aanwezigheid van een gids dulden. Bovendien houdt de politie alle toeristen en buitenlandse journalisten nauwgezet in de gaten. En last but not least: de sharia verbiedt Iraniërs én buitenlanders om te drinken of vrouwen aan te raken. Ik was mentaal dus voorbereid op een minimum aan bewegingsvrijheid. Draaide dat even anders uit!
Gids Mahmood verzekerde ons meteen dat we overal naartoe konden en dat we vrij met iedereen konden praten. En dat bleken geen loze praatjes. Aan alles was te merken dat Iran kan bogen op een rijke culturele traditie. De meeste mensen die we er ontmoetten, klonken bijzonder intelligent, welbespraakt en allesbehalve antiwesters.

HEILIG

Het bezoek aan het mausoleum voor ayatollah Khomeini was op dat vlak een enorme meevaller. In tegenstelling tot wat we als westerlingen zouden kunnen verwachten, hing daar totaal geen sfeer van religieus fanatisme. In hun verdriet om de reeds in 1989 overleden Khomeini toonden de Iraniërs zich niet hysterisch, maar sereen. Hoewel Khomeini in het Westen wordt beschouwd als een fundamentalist met een kwalijke reputatie, kwamen de oprecht geëmotioneerde bezoekers van het mausoleum me niet wereldvreemd of irrationeel over. Trouwens, in het verleden konden ook Amerikaanse presidenten van bedenkelijk allooi op een trouwe schare supporters rekenen.
Misschien kwam het omdat de mensen me vriendelijk en gastvrij bejegenden – één vrouw bedankte me zelfs omdat ik als westerling het mausoleum bezocht – maar in dat mausoleum in Teheran zag ik alles plots in een breder perspectief: wat is er mis met een religieuze bedevaartplaats, waar mensen steun en troost zoeken? Religie zit nu eenmaal ingebakken in de Iraanse cultuur, of we dat nu willen of niet. De

waarheid is niet zwart-wit: in Iran heb je zowel vooruitstrevende mensen die ijveren voor democratie en vrijheid van godsdienst, als conservatieve, diepgelovige mensen. Dus als in Iran ooit een echte democratie geïnstalleerd wordt, dan betekent dat niet dat het mausoleum plots geen nut meer heeft. Vrijheid moet echt vrijheid zijn, ook voor devote moslims.

Toen ik in Iran was, bleek 'vrijheid' helaas nog een bijzonder relatief begrip. Al deed gids Mahmood er alles aan om me van het tegendeel te overtuigen. Mahmood was een enorm belezen en intelligente man, maar hij bezorgde me hetzelfde dubbele gevoel dat me gedurende de hele reis door Iran bezighield.

Enerzijds maakte hij zich sterk dat de Iraniërs absolute vrijheid hadden, maar tegelijk maakte hij zich druk over het gebrek aan democratie in zijn land – zij het niet expliciet. Hij was wel bijzonder kritisch over de toenmalige president Mahmoud Ahmadinejad, en ook van Hassan Rohani, op dat moment nog kandidaat-opvolger van Ahmadinejad, had hij geen hoge pet op. "Die zal even weinig te zeggen hebben", zuchtte hij, waarmee hij bedoelde dat het uiteindelijk de ayatollah is die het in Iran voor het zeggen heeft.

Ik wees hem op het feit dat voor elke pro-Ahmadinejad-optocht bussen met duizenden mensen van het platteland naar de hoofdstad werden aangevoerd, omdat er anders maar een fractie aanwezig zou zijn van de massa die op tv te zien was.

Maar vooral over de vrijheid van vrouwen hebben we vurige discussies gevoerd. Ook op dat vlak zag hij geen enkel probleem, tot mijn grote ergernis: "Welke vrijheid hebben de vrouwen hier?", reageerde ik op een bepaald moment. "We zitten hier in een theesalon: geen vrouw te bekennen. Daarnet wilde ik een praatje slaan met een vrouw, maar binnen de paar seconden werd ze weggejaagd door twee securitymensen. Noem jij dát vrijheid? Je bent verwijderd van beschaving en vrijheid, zolang je vrouwen zo behandelt." Toen was het wel even stil aan de overkant van de tafel…

Door de jaren heen heb ik zo mijn eigen criteria ontwikkeld. Je hebt snel door hoe ontwikkeld een land is als je kijkt naar hoe de dieren en de vrouwen er behandeld worden. Of beter, om de lieve vrede te bewaren: de vrouwen en de dieren, in die volgorde!

SCHIJNHEILIG

Hoezeer Iran ook is meegevallen, helemaal vrij van ergernis was onze reis niet. Hoe meer we van het opgelegde programma probeerden af te wijken, hoe meer we immers geconfronteerd werden met hypocrisie.

Zo botsten we in het Museum voor Hedendaagse Kunst in Teheran op een schrijnend geval van censuur. Ooit was dit het grootste museum voor moderne kunst buiten Europa en de Verenigde Staten. Tot Khomeini alle westerse werken naar de kelder verbande. Behalve werk van onder meer Van Gogh, Bacon en Picasso bevindt ook *Le Chemin du Ciel* van de beroemde Belgische kunstenaar René Magritte zich in het gebouw. Hoewel de moderne werken in 2005 enkele weken lang tentoongesteld werden, was het tijdens ons bezoek uitgesloten om ze te bezichtigen. Aandringen had geen zin.
Dat soort situaties doet me beseffen hoe vrij we in het Westen zijn. Welke kunst is bij ons verboden? Nazikunst wellicht. En een afbeelding van de Maagd Maria met een blote borst beroert nog de gemoederen van enkele diepgelovige christenen. Maar voor het overige?
Als je weet op welke schat aan unieke kunstwerken die Iraniërs zitten, dan word ik daar heel opstandig van. Ik vroeg de lokale gidsen, twee Franssprekende vrouwen, of ze niet hoopten om ooit alles te kunnen laten zien. In het bijzijn van de bewaker, die geen Frans sprak, lachten ze eerst nog wat schuchter, maar uiteindelijk antwoordden ze toch: "Dat hopen we, ja. Dat het ooit, op een dag, zal kunnen." Lees: als Iran ooit democratisch en vrij wordt. Ik vond het een van de meest confronterende gesprekken die ik voor *Reizen Waes* heb gevoerd. Maar er zouden er nog volgen.

In een buitenwijk van Teheran, waar vooral de elite en de intelligentsia wonen, ontdekten we dat het gebrek aan vrijheid blijkbaar niet voor iedereen geldt. 'Toevallig' liet de religieuze politie zich in dat stadsdeel nooit zien. Twee maten en twee gewichten.
Zo kwamen we in die bewuste wijk in contact met een muziekscene die westerse rock-'n-roll en blues speelde, wat in Iran nochtans strikt verboden is. Eén band heeft in privékring zelfs voor ons opgetreden. Een van de groepsleden – allemaal bijzonder slimme en sympathieke kerels trouwens – vertelde ons hoe hij zijn elektrische gitaar in een speciaal omgebouwde kast met een dubbele wand had laten importeren.

Eigenlijk was het ook de bedoeling om naar een undergroundconcert te gaan, in een café waar bovendien alcohol werd gedronken. En dat gebeurde wekelijks, dus de hele wijk wist dat. Waarschijnlijk waren ook wel mensen op de hogere echelons op de hoogte van die 'wanpraktijken', anders zou de religieuze politie er wel vaker langskomen. Maar helemaal gerust waren ze er blijkbaar toch niet in, want uiteindelijk is dat concert niet doorgegaan, omdat ze toch te bang waren voor represailles als de beelden zouden uitlekken. Om dezelfde reden hebben we ook het optreden in privékring uit de aflevering geschrapt. We konden het niet maken om die jongens in gevaar te brengen.

In Shemshak, een opvallend mondain skioord op een uur van Teheran, worden de shariawetten veel openlijker met de voeten getreden. De vrouw die ons daar zonder problemen te woord stond, droeg geen hoofddoek, maar wél opzichtige make-up en een modern skipak. Op de vraag of we het interview mochten uitzenden, antwoordde ze laconiek: "Doe maar, ze kunnen mij toch niets doen." Blijkbaar behoorde ze tot een of andere beschermde elite. Bovendien was er van de religieuze politie geen spoor in Shemshak. In Dizin, het andere skistation in het Alborzgebergte, was dat wel het geval. Totale willekeur.

Ook wat alcohol betreft, is het totaalverbod met een korrel zout te nemen. In Shemshak kregen we een bodempje likeur aangeboden, zij het alleen buiten beeld, en in Isfahan werden we zelfs aangeklampt door iemand die ons alcohol wilde verkopen. Hij stopte me een telefoonnummer toe waar ik 's avonds, vanuit het hotel, naar gebeld heb. Twintig minuten later werd op de deur van onze hotelkamer geklopt: *alcohol delivery*. Jammer dat het bijna pure alcohol was en dus amper te drinken.
Maar wat wil je? Hoe meer je iets verbiedt, hoe meer mensen geneigd zijn het te doen. Er is in Amerika wellicht nooit zo veel gezopen als tijdens de drooglegging.

HUILEND HART

In de prachtige historische stad Isfahan was de religieuze politie wel aanwezig. En hoe! Midden op het indrukwekkende Imamplein, een van de grootste pleinen ter wereld, stond zelfs een kazerne. Omdat Isfahan een traditionele toeristische trekpleister is waar veel buitenlanders

op bezoek komen, is de religieuze politie er extra op haar hoede. De paranoia was er voelbaar, veel meer dan in Teheran. Geregeld hielden mannen zich schijnbaar onopvallend in onze buurt op: “Geheime politie”, fluisterde Mahmood ons toe. “Het wemelt er hier van.” Ook onze gids liep er in Isfahan opvallend gespannen bij.
Toch kregen we daar, in het hol van de leeuw, de meest kritische stemmen van de hele reis te horen.

Een jongen van achttien kwam op me afgestapt en stopte me een briefje in de hand waarop zijn e-mailadres geschreven stond, alsook enkele titels van westerse boeken. Hij vroeg me of ik die naar hem kon opsturen. Dat eenvoudige verzoek schudde me danig door elkaar. Ik kon het amper geloven dat de boeken in kwestie – over ingenieursstudies, dus heel onschuldig – nergens te vinden waren in een cultureel land als Iran. Isfahan alleen al telt honderden bibliotheken en boekenwinkels, maar blijkbaar liggen die vol met religieuze boeken.
Om die jongen te beschermen, hebben we de ontmoeting niet gebruikt in de aflevering. Maar eenmaal thuis heb ik die boeken wel opgezocht en als pdf naar die jongen gemaild. Dat moest via een beveiligd e-mailadres, waaruit blijkt dat de Iraniërs goed weten hoe ze de internetcensuur kunnen omzeilen.
Ook daarover had ik trouwens een discussie met Mahmood. Hij beweerde dat je in Iran vrij op het internet kon surfen, maar veel verder dan de startpagina van Google raakte ik er toch niet. Facebook, Twitter en YouTube werken er niet, laat staan de website van CNN. “Maar mijn kinderen zitten op Facebook”, hield Mahmood vol. Zoals de meeste Iraanse jongeren zullen ook zij wel weten hoe ze Big Brother kunnen bedotten.

Even pakkend was ons gesprek met een oudere man, die met weemoed terugdacht aan het Iran van voor de revolutie in 1978-1979: “Vroeger was het anders, was er meer vrijheid”, zei hij, ondertussen schichtig in het rond kijkend. “Wat ik van jullie westerlingen vind? Dat jullie geluk hebben omdat jullie vrij zijn. Jullie kunnen vrijuit praten. Ik... mag eigenlijk niets zeggen. Ik wil niet in de gevangenis belanden... Ik kan beter niets meer zeggen.”
Maar plots liet hij alle schroom toch vallen: “Als ik een glas alcohol drink, beland ik in de cel. Als een Iraanse minister homo zou zijn, dan

werd hij gedood. Dat kan hier absoluut niet! Of ik gelukkig ben in Iran? Niet echt, nee. Maar dat kan ik niet zeggen. Dus ja, natuurlijk ben ik gelukkig. Als jij dat bent, dan ik ook. Je ziet me toch lachen? Maar als ik in mijn hart kijk, dan huil ik."
Op de vraag of we zijn getuigenis mochten uitzenden, zei hij: "Ik ben oud genoeg."

Wat was ik die man dankbaar voor zijn openheid! Want nu konden we een authentiek, correct beeld laten zien van Iran. Begrijp me niet verkeerd: ik kan iedereen ten zeerste aanbevelen om Iran te bezoeken. De mensen zijn er vriendelijk en gastvrij, en de cultuur en de natuur hebben prachtige dingen te bieden. Maar als je erheen gaat, wees dan niet blind voor de schaduwzijde. Er is nog veel werk aan de winkel.

LACHEN!

Absurde toestanden, verrassende gebeurtenissen, relativering bij pech, of gewoon het samenzijn onder vrienden mijlenver van huis: tijdens de opnames voor *Reizen Waes* is er ontzettend veel afgelachen, soms tot tranen toe. Na de irritaties uit het vorige hoofdstuk, vindt u hier een (bijzonder moeilijke) selectie van memorabele, lachwekkende momenten.

5. 'DAAR GAAT ZE' IN PYONGYANG

Lachen uit miserie, dat overkwam me in de Nationale Bibliotheek van Noord-Korea. Net toen het huilen me nader stond dan het lachen, kwamen de gidsen met een aangename verrassing op de proppen. Nu ja, aangenaam... Bij gebrek aan hoogstaande westerse literatuur duwden ze me in de muziekafdeling de cd *Made in Belgium* in de handen, met muziek van Adamo, Soulsister, TC Matic en... Clouseau. Daar, op zo'n 8500 kilometer van Sint-Genesius-Rode, kreeg ik verdorie 'Daar gaat ze' in de maag gesplitst, in de Engelse versie dan nog wel! Ik had al door dat de Noord-Koreanen weinig smaak hadden, maar dit sloeg alles. (Grapje, Koen.)

4. BERGOP IN ACHTERUIT

Lachen uit miserie, deel twee. Het eerste akkefietje met onze Albanese tweedehandse Mercedes overkwam ons toen gids Jimmy ons via een oude Romeinse weg naar de top van een heuvel wilde brengen. Wellicht stamde de laatste wegenwerker in deze buurt ook uit de oudheid, want van rijden was amper sprake. Nadat de bodemplaat een eerste keer was losgeraakt, konden we ons nog behelpen met snelbinders. Bovendien zou Jimmy voor ons uit lopen en ons voorbij de diepste putten en de grootste stenen loodsen. Maar tevergeefs. De bodemplaat raakte weer los en schepte het steengruis van de weg op. Dus zat er niets anders op dan achteruit, met een slakkengangetje, de berg op te rijden. Zelfs Mr. Bean kon aan onze inventiviteit een puntje zuigen!

3. EEN PENISKOKER VAN ADIDAS

Net toen de hoofdman van de Lowinyo's (Vanuatu) me doodernstig uitlegde dat zijn stam alle westerse invloeden weerde, dook op de achtergrond een grijsaard op van wie de peniskoker rond zijn middel was vastgemaakt met een riem van Adidas! *Impossible is nothing.* En dat geldt zeker in *Reizen Waes.*

2. SLAPPE LACH TIJDENS HET GEBED

Zelden heb ik iemand zo aanstekelijk weten lachen als het Bhutaanse plattelandsvrouwtje bij wie we mochten logeren. Tijdens het gebed zag ze hoe ik alle moeite van de wereld had om niet in te dutten. Dat vond ze blijkbaar zo grappig dat ze onbedaarlijk begon te giechelen, samen met haar vriendin. Een heel bizar moment, maar o zo heerlijk relativerend. Hoe gelukkig kun je zijn?

1. DE ZWAARTEKRACHT VAN PASCAL

Het allergrappigste moment, helaas niet zo goed in beeld gebracht, beleefden we in Paraguay, net na onze landing met een tweemotorig vliegtuigje in Concepción. Toen we tot stilstand waren gekomen, kroop ik van vooraan naar het midden van het vliegtuig om daar uit te stappen. Maar net op dat moment kantelde het hele vliegtuigje achterover, met de staart tegen het tarmac. De luide knal deed ons allemaal naar achteren kijken, waar Pascal, niet de lichtste aller geluidsmannen, met een geschrokken gezicht tussen de rugzakken lag. “Zo zie je wat ervan komt als ik altijd in de koffer moet zitten.” Het vliegtuig was er niet best aan toe, maar dat waren zorgen voor later. Eerst even onbedaarlijk lachen!

Met *Reizen Waes* zoeken we de extremen op die onze aardbol rijk is. Geografisch, cultureel, politiek, noem maar op. Als het maar uitzonderlijk is. Tien tot veertien dagen lang snuiven we ter plaatse de sfeer op en maken we kennis met de couleur locale. De emoties die daarmee gepaard gaan, zijn dan ook van een totaal andere aard dan de adrenalinerush die ik ervaren heb toen ik pakweg een haai hypnotiseerde, een Boeing 737 bestuurde of vanaf bijna 20 meter in een meer dook. Maar af en toe botste ik toch op een avontuur dat niet had misstaan in *Tomtesterom* of *Wauters vs. Waes.*

VEILIG NAAR SCHOOL!

Onderweg van Medellín naar Bogota, in **Colombia**, reden we langs een kilometerslang ravijn, waar hier en daar een stalen kabel overheen was gespannen. Toen we bij een van die kabels halt hielden, bleek dat de plaatselijke bevolking deathridegewijs van de ene kant naar de andere kant 'zweefde'.

Op het eerste gezicht dacht ik: Oké, een deathride over een ravijn. Dat doe ik wel even voor de camera's. Ik heb tenslotte al enkele dagen tegen de wand van El Capitán gebengeld – ook geen kattenpis. Toen ik van dichterbij de diepte van de kloof ging inschatten, schrok ik wel even, maar zelfs dat mocht geen probleem vormen. Geef mij een degelijk beveiligde gordel en ik spring over een ravijn van 20 kilometer diep of breed. Dat is een kwestie van vertrouwen in het materiaal.

Maar daar wrong het schoentje: die Colombianen sloegen een haak over die kabel, lieten daar een touw aan hangen en bonden dat touw rond hun bovenlichaam. Noch de haak rond de kabel noch het touw aan de haak was 'gesloten'. Eén bobbeltje op de kabel volstond om die haak omhoog te doen wippen en naast de kabel te doen terechtkomen. Eén onverwachte beweging was genoeg om het touw uit de haak te doen springen. In beide gevallen ging je de dieperik in en was je zo dood als een pier. En hoe zat het met de paal waar die kabel aan bevestigd zat? In België zou die 10 meter diep in de grond zitten en misschien zelfs met beton verstevigd zijn, maar op deze plek in het Colombiaanse hinterland? En ik had geen idee hoe het er aan de overkant uitzag! Op de koop toe vertelde men me 'doodleuk' dat er af en toe weleens een ongeluk gebeurde: "Als de kabel los springt of de katrol stukgaat."

Mijn eerste reactie, die ik ook in de camera formuleerde, was: "Ik heb al veel gedaan, maar hier ga ik me niet aan wagen." Waarop klankman Joris me een blik gaf van: "Allez, man, dat valt me nu tegen van jou." Maar toen ik hem voorstelde om van plaats te wisselen, bedankte hij toch vriendelijk.

Pas toen een van die mannen me voorstelde om het samen te doen, heb ik het overwogen. Want hij wist wat hij deed, hij wist hoe hij die haak en dat touw moest vasthouden. In mijn eentje had ik dat nooit aangedurfd. "Zorg gewoon dat je dat touw onder je armen gekneld houdt", gaf hij me nog het meest overbodige advies dat ik ooit te horen kreeg. Natuurlijk zou ik dat doen, het was mijn enige beveiliging! En mochten we met zijn tweeën stilvallen halfweg de kloof, want dat gebeurde af en toe, dan nam ik mezelf alvast voor om mijn compagnon er meteen af te duwen. Grapje.

Nu ik er achteraf bij stilsta, was dit avontuur goed te vergelijken met een eerste parachutesprong, die je trouwens ook het best in duo doet. De seconden vlak voor die eerste sprong, als de deur van het vliegtuig opengaat en iemand je tegen de wind in richting 'uitgang' duwt, ben je ook aan het sterven. Maar zodra je springt, en zeker als je eenmaal onder de wolken terechtkomt, is het één lange kick. Zo ging het ook bij dat ravijn in Colombia: zodra we ons afgeduwd hadden, maakte de angst plaats voor puur genot – ik kraaide het uit van plezier! Al moet ik toegeven dat ik op de terugweg – we waren toen al bijna een minuut bezig – opnieuw begon stil te staan bij het ongelooflijke gevaar dat ik aan het trotseren was.

Ongelooflijk dat daar elke dag kinderen oversteken om naar het schooltje aan de overkant te gaan. Soms twee keer heen en terug op een dag! Na onze thuiskomst heb ik dan ook overwogen de nodige veiligheidsuitrusting op te sturen. Want ik versta toch iets anders onder de slogan 'Veilig naar school!' Anderzijds: als onze kinderen nog eens zeuren omdat ze met de fiets door de regen naar school moeten, dan kan dit filmpje hen misschien wel op andere gedachten brengen.

FÚTBOL!

Als supporter van Antwerp FC beleef ik op voetbalvlak al jaren geen hoogdagen meer. De Bosuil die op zijn grondvesten davert, lijkt een lang vervlogen herinnering. Gezien de toestand van het stadion lijkt het me trouwens geen goed idee om de grondvesten nog te doen daveren...

Dat gemis aan een feestvierend stadion heb ik in slechts negentig minuten ruimschoots goedgemaakt, tijdens een thuiswedstrijd van de Colombiaanse topclub Atlético Nacional. Ik weet niet hoe het met de veiligheid van het Estadio Atanasio Girardot gesteld was, maar geen enkele supporter van de groen-witte aanhang die daarom maalde.

Atlético Nacional is de club van 'de twee Escobars'. Drugsbaron Pablo was er een tijdlang voorzitter, verdediger en Colombiaans international Andrés – geen familie – is een icoon sinds hij werd vermoord vanwege zijn owngoal tijdens het Wereldkampioenschap van 1994, in de wedstrijd tegen gastland USA. Hoe voetbalgek kan een land zijn?

Dat bleek ook toen ik de fanshop van Atlético Nacional bezocht, waar Andrés Escobar na zijn dood tot het martelaarschap werd verheven. Overal waren afbeeldingen van de verdediger met het lange zwarte haar te zien, iemand had op zijn arm zelfs het gezicht van de gevallen held getatoeëerd.

Diezelfde kerel bleek een van de leidersfiguren van Los del Sur te zijn, de uitermate fanatieke spionkop van Atlético Nacional. Hij nodigde me uit om de wedstrijd tegen Independiente Sante Fe uit Bogota bij te wonen. Om niet af te steken tegen de groen-witte massa, kocht ik het retroclubshirt van Andrés Escobar uit 1994, niet toevallig het item dat in de fanshop het vaakst over de toonbank gaat. En wie daar geen geld aan wil geven, kan dat shirt ook integraal op zijn bovenlichaam laten tatoeëren!

Elke Belgische voetbalsupporter die meent dat zijn supportersschare de fanatiekste is, raad ik een wedstrijd bij Los del Sur aan. Zodra we de catacomben van het stadion betraden, weerklonk het oorverdovende geluid van trillende tribunes en luidkeels brullende en zingende supporters, op het ritme van de trommelaars en de melodie van de trompetters. En dan moest de wedstrijd nog beginnen.

Het was verleidelijk om me te laten meezuigen in de euforie, maar we moesten ons hoofd erbij houden, want we waren nog steeds een tv-programma aan het maken. De aanwezigheid van onze camera zorgde bij sommige supporters trouwens voor enige argwaan en irritatie, maar dankzij onze 'gids' werden we gedoogd. En gelukkig maar, want voor we het wisten, bevonden we ons in een vak vol heethoofden. Zonder onze begeleider, naar mijn gevoel trouwens ook allesbehalve een engeltje, had niemand van ons het aangedurfd om de match op die plek te volgen.

Wat we daar hebben meegemaakt, is in niets te vergelijken met de Belgische supporterstaferelen. Negentig minuten lang waren we een speelbal van een kolkende mensenmassa, die geen seconde ophield met zingen en springen. En bij een doelpunt – het werd uiteindelijk 2-2 – was de chaos helemaal compleet. Dan duurde het telkens enkele minuten voor we onze 'escorte' terugvonden.

Noch ikzelf noch Oud-Heverlee Leuven-supporter en cameraman Nico zijn zo fanatiek, zo irrationeel als de aanhang van Atlético Nacional, maar die partij bezorgde ons een regelrechte kick. Op zich lijkt een voetbalmatch misschien een fait divers, maar niet in Medellín. Voor die supporters is voetbal een uitlaatklep, is een wedstrijd één lang feest. En zo werd ik gesterkt in mijn overtuiging dat voetbal een prachtige manier is om van het lokale leven te proeven.

NATUURPRACHT EN -KRACHT

Hoe zou het voelen om een aardbeving mee te maken?

Dit had perfect de intro van een aflevering van Tomtesterom kunnen zijn, maar het is een vraag die me al van jongs af intrigeert. Ik maakte nog nooit een aardbeving mee en tv-beelden ervan hebben me steeds gefascineerd. En waar heb je de meeste kans om zo'n aardbeving mee te maken? In Vanuatu, volgens de World Risk Index van de Verenigde Naties al jaren het land dat het meest bedreigd wordt door vulkaanuitbarstingen, aard- en zeebevingen en orkanen allerhande. Dat wij er een kijkje gingen nemen, had dan ook iets dubbels. Natuurlijk wens je de lokale bevolking niets ernstigs toe, maar ergens hoopten wij tijdens ons verblijf toch getuige te zijn van een of andere 'opschudding'. Die kans was trouwens reëel, want wij kwamen er pal in het cyclonenseizoen aan.

Driewerf helaas: hoewel de wetenschappers in het Geohazards Center me vertelden dat ik elke dag 'iets' kon voelen, bleven we de hele tijd op onze honger zitten. Geen cycloon, geen aardbeving. Maar dat

Geohazards Center, dat trouwens nog maar sinds 2011 alle potentiële gevaren der natuur monitort, houdt wel de klok rond Mount Yasur in de gaten. En terecht, zo ondervond ik al in het begin van onze reis.

Meteen na onze landing op het eiland Tanna namen chauffeur Big Louie en gids Nick ons mee naar deze actieve vulkaan. Ik wist niet goed wat ik kon verwachten, maar zodra we halt hielden bij een guesthouse op enkele kilometers van Mount Yasur, begon me al iets te dagen van de immense dreigende kracht die van zo'n berg uitgaat. Er weerklonk een luide knal die tot bij ons voelbaar was.
Toen we door de bevreemdende asvlakte rond de vulkaan reden, was ik niet bang, maar dat had veel met mijn onwetendheid te maken. En wellicht ook met wat ik op de flanken van Mount Yasur zag gebeuren: kinderen surften er met zelfgemaakte borden van de asheuvel. Dat de grond onder onze voeten daverde, liet hen blijkbaar onverschillig.
Het viel me trouwens op hoe hol die grond onder onze voeten klonk. Nick vertelde me doodleuk dat die korst slechts een dertigtal centimeter dik was en dat daaronder misschien wel een gapende leegte lag, met stromende lava. Toen heb ik wel even de wenkbrauwen gefronst, want wij waren er zonder verpinken met onze jeeps overheen gereden. Maar zodra je zo dicht bij de krater van een actieve vulkaan staat, haalt de nieuwsgierigheid het van de angst en word je onvermijdelijk naar de bron van het gebrul gezogen.
Nick, net voordien nog verbazend laconiek, bleek plots een angsthaas eersteklas te zijn. Hij benadrukte dat we niet mochten wegrennen als er zich een explosie voordeed, "want dan zie je niet waar de brokstukken vliegen", zei hij. "Blijf stilstaan, want een klein stukje volstaat al om je te doden." Meteen begreep ik waarom Nick, van al die keren dat hij met toeristen Mount Yasur had bezocht, nog maar twee keer tot aan de krater was gewandeld.
Ik kon hem overtuigen om met ons mee te gaan, maar het was duidelijk dat Big Louie mijn engelbewaarder zou zijn op de flanken van deze vuurspuwende berg. Hij legde me uit waar ik moest lopen en dat ik rekening moest houden met de wind om geen giftige gassen in te ademen en geen kokend hete lavavlokken op mijn hoofd te krijgen.
Hoe dichter we bij de rand van de krater kwamen, hoe luider ik de lava hoorde gutsen en pruttelen. Tot we uiteindelijk recht in de krater konden kijken. Mijn mond viel open van pure verbazing. Zelden was ik

meer onder de indruk van Moeder Natuur, en vooral van haar kracht. Af en toe spoten er wel degelijk brokstukken de lucht in. Het besef op een tikkende tijdbom te staan gaf mij een geweldige kick. En mij niet alleen. Als zelfs cameraman Jef, die al de hele wereld heeft gezien, na het draaien nog wat extra foto's neemt voor zijn privécollectie, dan weet je dat dit geen geval is van *been there, done that*. Zoiets hadden we nog nooit gezien. Misschien is Mount Yasur wel de meest spectaculaire van alle locaties die we hebben bezocht. Niet toevallig zijn we daar met de hele crew nog tot drie uur 's nachts blijven zitten. Louter om te genieten van het unieke schouwspel. Als was het een kampvuur, maar dan net ietsje groter. Ik kan alleen maar hopen dat de bevolking van Vanuatu tijdig gered wordt als dit kampvuur ooit iets minder gezellige vormen aanneemt.

EEN KLASSIEKER VOOR DUIKERS

Nog in Vanuatu, vlak voor de kust van het noordelijke eiland Espiritu Santo, kreeg ik de kans een andere droom te realiseren. Daar verging in 1942 namelijk de SS President Coolidge, kortweg Coolidge. Dat Amerikaanse cruiseschip werd tijdens de Tweede Wereldoorlog opgevorderd als cargoschip, maar botste op een mijn. Het zag er lange tijd naar uit dat het schip nog aan wal zou kunnen worden gebracht, dus van paniek was amper sprake. De ruim vijfduizend passagiers raakten allemaal veilig van het schip, op twee na: in de machinekamer was iemand op slag dood door de knal van de mijn, en de kapitein verdronk toen hij terugkeerde om anderen te redden. Dat lukte nog, maar daarna kwam het schip op zijn flank terecht en slaagde de kapitein er niet meer in om zichzelf in veiligheid te brengen. Na 96 minuten was het schip alsnog onder de zeespiegel verdwenen.

De Coolidge is wellicht het toegankelijkste wrak ter wereld en behoort daarom tot de top tien van allermooiste duiksites. Maar doordat het toerisme in Vanuatu nog niet optimaal is ontwikkeld, is de plek nog lang niet uitgegroeid tot een bedevaartsoord voor duikers. De uitbater van mijn lokale winkel voor duikmateriaal was in de jaren zeventig naar het wrak gedoken, en ik zou hem dat met veel plezier nadoen. In Egypte had ik ooit al naar een wrak gedoken, maar de Coolidge sprak tot mijn verbeelding. Nu ik in Vanuatu was, en als voormalig

beroepsduiker, mocht ik deze kans niet laten liggen.
Op amper 100 meter van het strand volstond het 20 meter diep te duiken om de boeg te bereiken. Door het bijna intacte oorlogstuig op het dek leek het wel alsof ik de geschiedenis indook, zeventig jaar terug in de tijd. En ook de rest van het schip leek onaangeroerd. De bedoeling was om door te dringen naar de rookkamer, waar *The Lady* haar laatste rustplaats had gevonden, een standbeeld van een dame en een wit paard.
Enige ervaring was wel vereist, want het is behoorlijk claustrofobisch om door de smalle gangetjes van een gesloten wrak te zwemmen. Bovendien moet je zorgen dat je genoeg lucht overhoudt om opnieuw de uitgang te bereiken. Gelukkig werd ik bijgestaan door de ervaren lokale duiker Alfred.
Toen we The Lady vonden, bleek het in 1931 vervaardigde beeld nog verbazingwekkend goed bewaard. Zeventig jaar in het zoute water had haar schoonheid amper aangetast.
Ik overdrijf een beetje, maar dat komt omdat dit voor mij werkelijk een onvergetelijke ervaring was. Zo mooi zelfs dat ik er tijdens ons verblijf nog een tweede keer naar gedoken heb!

SUPERGRANNY'S

Maar het kan nog mooier! Na alle uit de hand gelopen gekte in Seoel, beleefde ik op **het Zuid-Koreaanse eiland Jeju** een ronduit toverachtige dag. En opnieuw moest ik daarvoor mijn duikerspak aantrekken.
Op Jeju hadden we immers een afspraak met de zogenaamde Haenyeo, wat 'zeevrouwen' betekent. En dat mag je best letterlijk nemen. Het gaat om duiksters van middelbare leeftijd die elke dag naar de zeebodem duiken om zeevruchten, schaaldieren en zeewier op te vissen. En dat zonder flessen!

Toen we ter plaatse aankwamen, bevonden de dames in kwestie zich nog in het water. We moesten dus even geduld oefenen vooraleer we ze konden filmen. Urenlang hebben we het wateroppervlak zitten aftuUren, maar er was amper iets te zien. De Haenyeo zwommen 200 tot 300 meter ver en doken daar voortdurend op en neer. En dat bij een heel sterke stroming en water van amper 10 graden koud. Ik voelde toen al aan mijn theewater dat ze gezegend waren met een ongelooflijke

fysieke conditie.
Toen ze eindelijk, na maar liefst vijf uur duiken, uit het water kwamen, wreef ik mijn ogen uit. Ik wist op voorhand dat de Haenyeo op leeftijd waren, maar ik moest het zien om het te geloven. De krasse vrouwtjes waren volledig gehuld in ouderwets, dik duikersrubber, met alleen een uitsparing rond hun gezicht. Ze leken wel zeehondjes!
Ieder van hen sleepte een fuik achter zich aan vol schelpen en octopussen. Ik liet me vertellen dat een volle fuik tot 25 kilogram kon wegen. Alsof hun werk nog niet gevaarlijk en zwaar genoeg was! De schelpen waar ze in het bijzonder naar op zoek waren, werden beschouwd als een dure delicatesse en waren bestemd voor de export naar Japan. Een volle fuik was zo'n 300.000 won (ruim 230 euro) waard.
Een van de duiksters, 71 jaar 'jong', was bereid om me de volgende dag mee te nemen, al voegde ze eraan toe dat ze niet verantwoordelijk was voor mijn leven. Ik ging er maar van uit dat ze dat ironisch bedoelde.

Toen diezelfde vrouw de volgende ochtend de deur van haar huis opende, stond ik oog in oog met een bijzonder aardige dame, die zich speciaal voor de komst van onze tv-ploeg helemaal had opgetut. Ze benadrukte dat ze een van de jongste van de hele groep was, wat mijn nieuwsgierigheid om de andere duiksters beter te leren kennen, alleen maar vergrootte.
Toen ze me meenam naar de kleedkamer, werd ik bijzonder warm onthaald door haar collega-duiksters, van wie de meesten rond de tachtig waren! Ze omhelsden me, noemden me schertsend 'opa' en ratelden aan een stuk door. De sfeer was geweldig, en dat na dertig jaar bijna elke dag samenwerken. Tijdens het kwetteren lijmden ze de gaten in hun 'dure pakken' dicht en vulden ze hun duikbrillen met een lokale plant, om condensatie tegen te gaan. Wat een contrast met de jachtige manier waarop de yuppies in Seoel naar het werk razen…
Mijn ongeloof bereikte pas echt een hoogtepunt toen ik buiten op een schattig oud besje botste, zonder tanden, met een volumineus grijs kapsel en een tot op de draad versleten oranje duikerspak. Ik vroeg haar hoe oud zij was, en ze antwoordde trots… 86! 86! Veertig jaar ouder dan ik! Waarop ze haar duikbril opzette, vertrok en het water indook, met de andere duiksters en ikzelf in haar kielzog.

Ik lieg niet als ik zeg dat ik al mijn krachten moest aanspreken om

de golven en het bar koude water te trotseren. Zodra we ver genoeg waren, lieten de Haenyeo een klein anker zakken, zodat de boei waaraan de fuik was bevestigd ter plaatse bleef drijven. En toen begonnen de vrouwtjes op en neer te duiken – zonder flessen dus! – op zoek naar hun buit. Zonder problemen raakten zij tot 10 of 12 meter diepte, terwijl ikzelf al na 8 meter in ademnood kwam. Het duurde even vooraleer ik erin slaagde mijn adem lang genoeg in te houden om hen te volgen. Maar dan nog kon ik hoogstens drie schelpen per duik verzamelen voor ik weer lucht moest scheppen. De collega-duikster in mijn buurt leek eindeloos te kunnen doorgaan. In totaal ging zij per dag zo'n honderd keer op en neer! Toen ik na een uur of twee op mijn tandvlees zat en met een magere oogst naar de oever zwom, kwam ze wel even mee om te bekomen, want de stroming maakte het duiken die dag extra zwaar – een verzachtende omstandigheid voor mijn vermoeidheid. Maar na een aantal minuten zette zij haar werkdag wel vrolijk voort.
De conditie waarover zij en de andere duiksters beschikken, is on-ge-loof-lijk. Net als deze hele ervaring, uiteraard. Ik zou het een hondenjob vinden, maar ik was toch een en al bewondering voor deze vrouwen. Het gaf me een onvoorstelbare kick om deel te mogen uitmaken van hun verbijsterende traditie.

De Haenyeo hebben door de jaren heen goed geld verdiend met hun job, dat was goed te zien aan het huis van mijn contactpersoon. Maar zij hebben hun geld vooral gebruikt om hun kinderen en kleinkinderen te laten studeren.
Toch voelde ik ook enige bitterheid onder de vrouwen. In tegenstelling tot de wereldberoemde Japanse parelduiksters zijn de Haenyeo namelijk niet erkend als Unesco Werelderfgoed. En dat terwijl heel wat Koreaanse duiksters tijdens de oorlog met Japan zijn 'meegenomen' om hun kunstjes in Japan aan anderen door te geven.
Op Jeju zelf is de traditie vreemd genoeg niet doorgegeven. Net als de meeste van haar collega's duikt de vrouw van 71 al sinds haar 21e, maar na haar gaapt een groot gat. Verwacht wordt dat van de momenteel duizend duiksters over twintig jaar niemand meer overblijft.
Is het omdat de charme van de Haenyeo vooral schuilt in het feit dat ze zo oud zijn, en dat jongere duiksters minder tot de verbeelding spreken? Misschien. Maar dat hun prestaties fysiek verschrikkelijk zwaar zijn en bovendien niet zonder gevaar, heeft de volgende generaties wellicht ook

afgeschrikt en richting de commerciële toeristische sector geduwd. Bijzonder jammer, want voor mijn part moet de hele wereld deze kranige dametjes aan het werk blijven zien. Voor mij was dit alvast een van de geweldigste verhalen uit twee seizoenen *Reizen Waes*.

Even slikken...

Overal waar we met *Reizen Waes* zijn geland of aangemeerd, was het de bedoeling om niet alleen het land zelf te laten zien, maar ook de mensen die er wonen – hun gebruiken, hun mentaliteit, hun levensfilosofie. Behalve in de dictatoriale staten die we hebben bezocht, is dat ook aardig gelukt, met dank aan de gastvrijheid van de Albanezen, de Iraniërs, de Bhutanen, de Zuid-Ossetiërs, de Lowinyo-stam in Vanuatu, noem maar op. De onvergetelijke ontmoetingen zijn niet op twee handen te tellen.
Dat leverde gezellige momenten op die, al dan niet met behulp van de nodige natjes en droogjes, uitliepen op hilarische taferelen. Toosten op de gezondheid van zowat alle Belgen en Abchaziërs, bijvoorbeeld. Of dansen in een woonkamer/disco op Pitcairn.
Maar nogal wat ontmoetingen grepen me ook bij de keel. Dan moest ik even slikken, omdat ik was aangegrepen door de warmte die me te beurt viel, maar helaas ook soms door de schrijnende verhalen die me werden toevertrouwd...

THE MAGIC BUS

Laten we beginnen met een positief verhaal. Alhoewel... de aanleiding van een van de meest aangrijpende momenten uit twee seizoenen *Reizen Waes* is niet bepaald positief te noemen.
Toen de redactie me tijdens de voorbereiding van de tweede reeks vroeg naar welke plek ik het allerliefste wilde gaan, was de keuze snel gemaakt: **Alaska**. Op zich niet zo'n verrassende plek voor een avontuurlijk aangelegde man als ik, dus is het eigenlijk raar dat ik die grote droom nog niet in mijn eentje had gerealiseerd. Gelukkig werk ik voor de televisie.
Mijn fascinatie voor Alaska was aangewakkerd door de film *Into the Wild* uit 2007, geregisseerd door Sean Penn en gebaseerd op het gelijknamige boek van Jon Krakauer (1996), dat ik nadien ook verslonden heb. *Into the Wild* vertelt het waargebeurde verhaal van Chris McCandless, een jongen uit een welgesteld gezin die na succesvolle studies familie en vrienden verbaasde door niet te kiezen voor het bedje dat voor hem gespreid was. McCandless verlangde meer van het leven en besliste om alles en iedereen achter te laten. Hij begon aan een trektocht door Amerika die hem na twee jaar, in 1992, naar Alaska leidde. Via de

Stampede Trail in Denali National Park trok hij in zijn eentje de wildernis in en probeerde er te overleven. Vier maanden lang slaagde hij daar wonderwel in, mede omdat hij onderdak vond in een door mijnwerkers achtergelaten bus. Maar na een voedselvergiftiging – hij had een giftige plant gegeten – raakte hij zo verzwakt dat hij in de zomer wilde terugkeren naar de bewoonde wereld. Hij liet zich helaas afschrikken door de Teklanika-rivier. Die had hij tijdens zijn heenreis in de winter, toen ze dichtgevroren was, wel overgestoken, maar de rivier was door het smeltwater te wild geworden. Hij werd uiteindelijk dood teruggevonden in het busje, amper 24 jaar jong.

Net als McCandless wilde ik al jaren rondtrekken door de adembenemende, ongerepte natuur van Alaska. Maar zijn verhaal had de aantrekkingskracht van de grootste Amerikaanse staat alleen maar vergroot. Ik vind het inspirerend dat hij het heeft aangedurfd om zijn droom na te jagen en zijn vertrouwde, comfortabele leventje achter zich te laten. En ik ben blijkbaar niet de enige, want de bus waar McCandless enkele maanden in verbleef, staat nog steeds op de plek waar hij hem vond en is uitgegroeid tot een soort bedevaartsoord voor avontuurlijke hikers. Vooraleer ik er zelf enkele dagen helemaal alleen op uit zou trekken – dat was toch het plan – wilde ik ook graag een bezoekje brengen aan de zogenaamde Magic Bus.

DOM EN NAÏEF?

De uitbater van een café in Healy, nabij Denali National Park, vertelde me dat de meningen over McCandless verdeeld zijn onder de lokale bevolking. Hij trok totaal onvoorbereid de natuur in, en zijn 'fans' doen dat tegenwoordig ook nog veel te vaak, zowel in de zomer als in de winter. Dat ergert de *locals* wel een beetje, want uiteindelijk zijn zij het die de onbezonnen avonturiers uit de penarie moeten halen.
Toen ik zelf richting Stampede Trail reed en de onmetelijke bossen rondom mij zag, begreep ik de mensen van Healy maar al te goed. Ergens was McCandless wel erg naïef – misschien zelfs dom? – om te geloven dat hij het hier in zijn eentje zou kunnen redden.
Ik besloot mijn licht op te steken bij Telly en Roger, twee pelsjagers die de omgeving door en door kennen. Het was trouwens Telly die de bus waarin McCandless verbleef jaren eerder had ingericht als een soort shelter voor jagers.

Bij onze aankomst bleek het duo al straalbezopen te zijn. Roger was een nogal nors type en liet amper in zijn kaarten kijken, maar Telly gaf opvallend helder zijn visie over de dramatisch afgelopen onderneming van McCandless.
"In de bus was een dubbel bed ingericht, maar ook een soort kitchenette en een kacheltje", vertelde hij, "zodat wij daar konden overnachten als we enkele dagen vallen gingen zetten. Maar wij hadden wel genoeg proviand bij, want in de winter is daar amper iets eetbaars te vinden, zelfs geen konijnen."
Maar McCandless dom noemen, dat kreeg Telly toch niet over zijn lippen. "Hij heeft niet altijd de juiste keuzes gemaakt, maar dat wil niet zeggen dat hij stom was. Hij heeft zeker zijn best gedaan om te overleven, het was geen zelfmoord. Ik denk niet dat hij echt asociaal was, hij is gewoon de uitdaging aangegaan om er alleen voor te gaan in het meest onherbergzame gebied dat je je kunt inbeelden. Ik vind het nog altijd erg jammer dat hij het niet gehaald heeft. Als ik in die periode niet 100 mijl westwaarts had verbleven, dan had ik hem misschien ontmoet en had ik hem kunnen helpen..."

Mooie woorden van een boeiende man. Ik had het gevoel dat Telly zichzelf ook wat herkende in Chris McCandless. Hij en Roger leken zonderlinge outcasts, maar zo lopen er in Alaska wel meer rond. De bijnaam van de noordelijkste staat is niet voor niets *The Last Frontier:* Amerikanen die niet meer weten van welk hout pijlen maken, vinden hun laatste toevlucht in Alaska, waar ze jager of trapper worden, of manusje-van-alles in een afgelegen stadje.
Mannen als Telly en Roger trekken niet voor vier of vijf dagen de wildernis in, maar voor vier of vijf maanden, zonder al te veel voorzieningen. Ze vertrekken met wat noodrantsoen, maar leven vooral van wat ze daar vangen. Dan kun je geen gewone sterveling zijn.
Ik vond het feit dat ze dronken waren (en dat wellicht wel vaker zijn) niet echt tragisch. Ik was eerder gefascineerd door de relaxte manier waarop ze in het leven staan, in harmonie met de natuur bovendien. Als je hen bij ons in de maatschappij zou droppen, dan zouden ze als *lowlife* alcoholisten en nietsnutten worden beschouwd. Maar laat een gemiddelde westerling in het hartje van Alaska achter en hij overleeft er geen drie dagen. Tot zover de eerste beklijvende ontmoeting.

EEN HELSE TOCHT

De crew en ik waren mentaal voorbereid om de 36 kilometer verre tocht richting Magic Bus te ondernemen. In tegenstelling tot McCandless deden wij echter wel een beroep op een gids, de fantastische Kevin. Toen hij onze rugzakken en al het materiaal zag dat we met ons meezeulden, zei hij: "Vier dagen: twee dagen heen en twee dagen terug."
Maar zo veel tijd hadden we helaas niet. We waren gebonden aan een strikt programma en moesten de heen- en terugreis in twee dagen afwerken, met overnachting aan de Magic Bus.
Daarom hebben we besloten om het eerste deel van de tocht, tot voorbij de eerste rivier, met Argo's, een soort amfibievoertuigen, te overbruggen. En dat was geen overbodige luxe, want doordat bevers overal dammen hadden gebouwd, was het omliggende gebied herschapen in een groot, drassig moeras waar we te voet nooit doorheen waren geraakt. Er waren wel stukken dat de Argo's 40 kilometer per uur reden, maar soms ging het erg moeizaam en haalden we amper een snelheid van 10 kilometer per uur.
Na het oversteken van de Savage River – wilde stroming, maar laag water – restte ons nog zo'n 16 kilometer te voet. Daar hebben we zomaar eventjes tien uur over gedaan! Dat betekent dus zo'n 1,5 kilometer per uur.
De tocht was verschrikkelijk zwaar. Los van de gevaarlijke oversteek van de Teklanika-rivier, waar ik later op terugkom, was het bijna ondoenbaar om met de camera's, de tenten en al het andere materiaal op onze ruggen door de zompige modderbrij te stappen. En dat ook nog eens met een muggennetje voor je gezicht, want het was er vergeven van de muggen. Toen er werd gefilmd, haalde ik het netje natuurlijk weg, maar de rest van de tijd werden we voortdurend bestookt door muggen. Ik dacht soms echt: Hoe slecht heeft God dit bedacht? Ik bevond me verdorie op de mooiste plek van de wereld, nergens anders is de natuur zo weids, maar de muggen die rond mijn hoofd zwermden, gaven me het gevoel dat ik geen persoonlijke ruimte had. Ik heb me echt volgespoten met muggenspray om die irritante beesten weg te houden. Daardoor kwamen ze niet op mij zitten, maar ze zoemden wel voortdurend rond mijn hoofd. Om hoorndol van te worden.
De volgende dag zouden we op dezelfde manier de terugweg afleggen. Ieder van ons voelde maar al te goed waarom Kevin er meer tijd voor had willen nemen. We waren gewoon stikkapot.

En dan te bedenken dat Chris McCandless hier alles te voet heeft gedaan, in zijn eentje én in de winter. Het moet hier ijskoud zijn geweest, 's nachts zelfs tot ver onder het vriespunt. Ik weet wel ongeveer wat het vergt om in die omstandigheden je plan te trekken en te overleven, dus kan ik niet anders dan bewondering te hebben voor McCandless. Of voor trappers als Telly en Roger.

EEN TOPGIDS

Na bijna een hele dag stappen kwamen we eindelijk aan op onze bestemming. Een Franse hiker die we onderweg waren gekruist, had me verteld dat het een speciale plek was, met vibes. "Of het magisch aanvoelt, hangt van jezelf af", zei hij nog. "Sommigen zullen het een aftandse bus vinden, anderen zullen er de charme in zien die ze willen zien."
Wel, bij mij sloeg de vonk wel degelijk over. Anders dan de replica die ik bij het café in Healy had zien staan, zorgde de schitterende omgeving hier voor de extra magie waaraan Bus 142 zijn bijnaam ontleent.
Tot mijn verbazing was het gids Kevin die op magnifieke wijze de emoties verwoordde die in mij opborrelden: "Er gaat gewoon veel energie en spanning van deze bus uit, zowel positieve als negatieve. De bus beroert mensen wereldwijd: hij heeft Chris bewogen om naar hier te komen, Jon Krakauer om er een boek over te schrijven, Sean Penn om er een film over te maken, mensen over de hele wereld om naar hier te komen, lokale mensen om er God weet waarom met kogels naar te schieten... Ook ikzelf was enorm aangegrepen door het verhaal van Chris, omdat ik mezelf ermee kon identificeren. Op zijn leeftijd maakte ik een beetje hetzelfde door. Op de universiteit word je wel geïnstitutionaliseerd, maar tegelijk leer je ook kritisch na te denken. En dat is wat Chris heeft gedaan: hij begon alles om zich heen in vraag te stellen. Daar herkende ik me wel in, en met mij wellicht heel veel mensen."

Nu is het onder televisiemakers algemeen geweten dat Amerikanen 'in filmquotes spreken' en daardoor 'heel dankbaar materiaal' zijn. Maar bij Kevin kwam daar nog eens bij dat hij erg verstandig was en volledig op onze golflengte zat. Ik denk dat ik mag zeggen dat wij redelijk vaak een klik hebben gehad met onze gidsen, maar Kevin was echt uitzonderlijk. Onderweg vertelde hij dat hij vaak groepjes van een vijftal mannen begeleidt, vaak *rednecks* of andere machotypes met schietgeweren. Maar bij ons had hij meteen het gevoel dat wij met een meer inhoudelijke, zelfs

spirituele bedoeling naar Alaska waren gekomen. Om een droom te verwezenlijken, om die bus te vinden waar hij zelf ook een speciaal gevoel bij had. Tijdens onze tien uur durende wandeling is ons gesprek nooit stilgevallen.
Wij hadden veel aan hem te danken, maar hij was ons ook heel dankbaar, zo bleek achteraf. Bij onze thuiskomst zat namelijk het volgende berichtje in onze mailbox:

I just wanted to let you know that I really enjoyed meeting and working with your crew. Tom is such a pleasure to be around and very down to earth. Nico, Uris (= Joris!) and Burt (= Bert) were great also and very personable! My only regret is I didn't get to spend more time with them. I look forward to seeing how the project turns out.
(...)
My girlfriend Tiffani is a folk dancer and has performed three times at folk festivals in Belgium. Maybe one day we will visit and look up the crew!
(...)
If there is any constructive criticism that the crew has for us as guides so we can better serve crews in the future, please let me know.

Thanks again for everything,
Cheers, Kevin

Beklijvende woorden na een tweede beklijvende ontmoeting.

EEN VIRTUELE ONTMOETING

Zodra ik zelf de bus binnenstapte, werd ik overweldigd door tegenstrijdige emoties. Opnieuw de bedenking dat Chris McCandless ergens een heel naïeve jongen moet zijn geweest. Maar tegelijk bewondering omdat hij er toch maar mooi in geslaagd is om vier maanden lang in die bus en de wildernis eromheen te overleven, en dat grotendeels in hartje winter. Dan ben je volgens mij geen sukkelaar!
McCandless heeft gewoon brute pech gehad dat hij ziek geworden is door die giftige plant. En daarna heeft hij helaas enkele domme beslissingen genomen. Als hij een kaart bij zich had gehad, dan had hij bij die onoverbrugbare rivier beseft dat hij het water gewoon moest volgen en dat hij niet eens zo veel later op een echte weg zou terechtkomen. Maar

misschien wilde hij dat niet. Over die kwestie bestaat veel discussie. Mijn persoonlijke mening is dat hij het slachtoffer is geworden van zijn slechte voorbereiding. Dat hij beter had geluisterd naar de laatste man die hem aan het begin van de Stampede Trail heeft afgezet. Die had hem nog proberen te overtuigen om zich bij hem thuis nog wat beter voor te bereiden en wat extra proviand mee te nemen.

Hoe dan ook, ik had zo veel over hem gelezen, had zo hard genoten van die prachtige film, dat het me niet onberoerd liet om op die bewuste plek te vertoeven. Eigenlijk besef je pas in die bus ten volle wat McCandless heeft klaargespeeld. En dan begrijp je ook veel beter waarom hij zo veel mensen, inclusief mijzelf, heeft geïnspireerd. In het koetswerk van de bus en in het gastenboek dat er ligt, staan namen en boodschappen gekrast en geschreven van mensen uit de hele wereld.
Natuurlijk is de Magic Bus een soort bedevaartsoord geworden, het hangt er ook vol met parafernalia. Maar je kunt deze plek niet vergelijken met Lourdes, waar je je met een bus kunt laten afzetten, of het monument voor Tom Simpson op de Mont Ventoux, waar je eventueel ook met de auto naartoe kunt. Het vergt namelijk al behoorlijk wat doorzettingsvermogen om tot bij de bus te raken. Wij hebben er heen en terug twee dagen over gedaan, maar zoals gezegd hadden we er beter vier dagen de tijd voor genomen. En Chris McCandless heeft er nog langer over gedaan. Die wetenschap schept wel een soort spirituele en aangrijpende verbondenheid.
In zekere zin was het bezoek aan de bus beklijvende ontmoeting nummer drie. Met als achterliggende boodschap de prachtige woorden die ik in het gastenboek las: "Veel mensen over de hele wereld mijmeren over hoe Chris is gestorven. Ik verkies na te denken over hoe hij heeft geleefd."

KIPPENVEL IN QESHM

Oprechte gastvrijheid, belangeloos en zonder het minste wantrouwen, gaat bij mij ook altijd recht naar het hart. Dat was bijvoorbeeld het geval bij de Bhutaanse plattelandsvrouw, die ons op een ontroerende manier in de armen sloot. Een minstens even prachtig kippenvelmoment beleefde ik op **het Iraanse eiland Qeshm**. Nu had ik op het vasteland ook al aan den lijve ondervonden dat het antiwesterse imago van de Iraniërs fel overroepen was. Maar het voorrecht dat me op Qeshm te beurt viel, sloeg me echt met verstomming.

De avond dat we in het dorpje Laft zouden overnachten, vond er een trouwfeest plaats. Volgens de lokale traditie leefden mannen en vrouwen er strikt gescheiden en dat bleek ook op de huwelijksdag. De mannen hielden een feest voor het huis van de bruidegom, terwijl de vrouwen in het huis van de bruid feestvierden. We hadden kunnen regelen dat ik die bruiloft zou mogen meemaken, aan de mannenkant uiteraard, wat ik al uitzonderlijk vond. Ik wilde me natuurlijk allesbehalve opdringen en vroeg me af of alle genodigden wel gelukkig zouden zijn met mijn aanwezigheid. Maar die zorgen smolten meteen als sneeuw voor de zon: de mannen ontvingen me met open armen.

Het feest zelf blies me niet echt van mijn sokken. Heerlijk uitbundig, dat wel, maar op de een of andere manier – wellicht door wat ik ooit op televisie zag – had ik dat al eerder gezien. De gulle vriendelijkheid van de Iraniërs leverde echter fantastisch beeldmateriaal op. We mochten tevreden zijn dat onze fantastische reis door Iran op zo'n mooie manier kon worden afgerond.

Toen we ons opmaakten om te gaan slapen, kwam onze gids – niet Mahmood, maar iemand die het plaatselijke dialect sprak – ons vertellen dat we nog iets unieks mochten meemaken. We mochten namelijk een kijkje nemen in de toekomstige stek van het bruidspaar. We hadden op voorhand vernomen dat de familie van de mannen volgens de traditie een kamer ombouwde tot een soort bruidssuite. Maar die plek was uitsluitend gereserveerd voor het pas gehuwde stel, buitenstaanders zouden er in geen geval worden toegelaten. Tenminste, dat was ons verteld.

Maar plots bleek dus dat we een onverhoopte voorkeursbehandeling kregen: wij mochten met de hele crew een kijkje nemen in die suite. Zodra we er binnenstapten, werden we overvallen door de sprookjesachtige sfeer die er hing. De kamer was rijkelijk, zeg maar kitscherig versierd en rook naar parfum. Het leek wel een grote snoepdoos, net zoals de rest van de bruiloft volledig betaald door de familie van de bruidegom. Prijskaartje: om en bij de 50.000 dollar! Die plek betekent dus enorm veel voor die families, en toch waren wij er welkom. Ik maak me sterk dat je daar op het internet niet gemakkelijk foto's of beelden van zult vinden. En dan de wetenschap dat bruid en bruidegom hier dertig dagen en dertig nachten lang zouden verblijven om te eten, te drinken en te slapen...

Zulke exceptionele ervaringen zijn de reden waarom ik zo graag reis. Je kunt wel rondlopen op Bali en je onderdompelen in de Indonesische levensstijl, maar de aanwezigheid van andere toeristen of de nabijheid van een McDonald's zorgt toch altijd voor een westerse referentie. Die referentie ontbrak helemaal in die bruidssuite. Daar voelde ik me zo ver verwijderd van mijn eigen vertrouwde leven. Een cultuurshock op enkele vierkante meters. Maar zonder de opmerkelijke open(hartig) heid van die mensen was dat nooit mogelijk geweest. En dat aangrijpende besef gaf me zo mogelijk nog meer kippenvel.

LOST BOY DANIEL

Helaas botste ik tijdens de opnames van *Reizen Waes* ook op verhalen die me om totaal andere redenen een krop in de keel bezorgden. Maar ook die verhalen verdienen het verteld te worden, misschien zelfs nog meer.

Onderweg naar Boma National Park – we wisten toen nog niet dat we onverrichter zake zouden moeten terugkeren, maakten we een tussenstop in Bor, de tweede stad van Zuid-Soedan. Daar vertelde David, onze onbetrouwbare gids, ons dat hij 's avonds naar een welkomstfeestje moest voor zijn neef Daniel. Die was na 27 jaar omzwervingen teruggekeerd uit Amerika, onaangekondigd in Bor opgedoken en eindelijk herenigd met zijn moeder. Toen we vernamen dat de familie uit elkaar was gerukt door de burgeroorlog, wilden we dolgraag aanwezig zijn bij de reünie. En dat bleek geen enkel probleem. We werden andermaal ongelooflijk gastvrij ontvangen, ondanks de primitieve leefomstandigheden van de familie. Anders dan in hoofdstad Djoeba, staan in Bor namelijk nog veel hutjes van leem en hout. In die authentieke Afrikaanse omstandigheden werden we behandeld als familieleden en beleefden we een onvergetelijke avond. Maar wat me het meeste zou bijblijven, was het relaas van Daniel.

Het was in Bor dat in 1983 de burgeroorlog om Zuid-Soedan uitbrak. Jarenlang werden dorpen en steden geteisterd door slachtpartijen, met

machinegeweren en machetes. Dan was het ieder voor zich en sloeg iedereen op de vlucht richting brousse. Zo raakte Daniel in 1987, op zijn vijfde, gescheiden van zijn moeder. Alle kinderen zonder familie, onder wie Daniel, werden door hulporganisaties samen ondergebracht in een vluchtelingenkamp in Ethiopië, maar na een tijdje heeft dat land die kinderen verjaagd, omdat er niet genoeg eten was.
De kinderen begonnen dan maar aan een gezamenlijke zwerftocht door de jungle en de woestijn. Die kinderen – ze waren met zo'n twintigduizend – werden *The Lost Boys of Sudan* genoemd. Ik had hun vreselijke verhaal al gelezen, en Daniel bevestigde wat ik al wist. Dat het bijvoorbeeld belangrijk was om in het midden van de groep te slapen, omdat leeuwen en hyena's elke nacht op zoek gingen naar weerloze prooien. Het moet ronduit verschrikkelijk zijn geweest om in die omstandigheden te overleven.
Uiteindelijk zijn veel van die kinderen gerecupereerd door het Soedanese rebellenleger, waar ze werden opgeleid tot kindsoldaten. Ook David, vanaf zijn twaalfde. "Je kon maar beter over een wapen beschikken", vertrouwde Daniel me toe. "Het was een kwestie van doden of gedood worden. Van overleven." Aangezien hij zelf niet werd gedood, is het erg waarschijnlijk dat hij anderen heeft gedood. "Daar wil ik het niet over hebben", zei hij, begrijpelijkerwijs.
Op zijn achttiende was hij het land kunnen ontvluchten en in de Verenigde Staten terechtgekomen. En nu, nog eens bijna negen jaar later, was hij opnieuw bij zijn moeder. Ik kan me niet voorstellen wat voor een emotioneel weerzien het moet zijn geweest. Al verwoordde Daniel het prachtig: "Wat ik ook gemist heb, ik heb het nu allemaal terug."

Deze ongelooflijke ontmoeting was niet alleen aangrijpend, maar ook hoopgevend. Daniel kwam met veel levenswijsheid terug uit Amerika en kan misschien een van de Lost Boys worden die momenteel hun verantwoordelijkheid opnemen om hun land opnieuw op te bouwen. Zoals die ene tv-journalist met wie ik even een praatje kon slaan in hoofdstad Djoeba. Ook hij was een kindsoldaat geweest, maar werkte aan de toekomst van zijn land. Hij vertelde me dat er eigenlijk twee tv-gebouwen moesten komen in plaats van één, maar dat de helft van het geld op de een of andere manier zoek was geraakt. Lees: in de zakken was verdwenen van een corrupte machthebber. Zoiets stemt me droevig en dreigt me onverschillig te maken voor de situatie in dit soort landen, maar net daarom was het een belangrijke *wake-upcall* om met iemand als Daniel te praten. Ondanks alles moet er hoop zijn op beterschap.

DE TAAL VAN DE OORLOG... EN VAN DE VREDE

Hoewel de situatie in Zuid-Soedan niet helemaal geruststellend te noemen was – in bepaalde regio's waren er nog steeds rebellen actief – kwam ik nooit zo dicht in contact met oorlog als in Zuid-Ossetië. Dat zogenaamde 'de facto'-land was in 2008 nog het onderwerp van een oorlog tussen Georgië, waar het zich van wilde afscheuren, en Rusland, dat **Zuid-Ossetië** te hulp schoot en erkent als onafhankelijke staat. Toen wij het land vijf jaar later bezochten, bood het nog steeds een troosteloze aanblik. In de steden viel dat mee, hoofdstad Tsinvali bijvoorbeeld was grotendeels heropgebouwd. Maar voor de gebieden ertussen was er blijkbaar geen geld meer. Kilometerslang zagen we aan weerszijden van de wegen kapotgeschoten huizen en ontmantelde legertuigen. Alleen de slachtoffers waren begraven, voor het overige leek het alsof de oorlog pas gisteren was beëindigd.
Toen we een gymzaal bezochten die tot een ruïne was herschapen, werd het plots heel tastbaar. De hele crew was aangeslagen door de alomtegenwoordige grimmigheid. Wat moet dat dan zijn voor de lokale bevolking, die op die manier voortdurend aan het verleden wordt herinnerd? Dat de oorlog zo recent plaatsvond, en niet eens zo ver van huis, maakte de ervaring nog aangrijpender. "Oorlog en geweld kunnen nooit een probleem oplossen", verwoordde gids Dina ons aller emoties. "Dit is de taal van de oorlog."

We voelden in Zuid-Ossetië ten volle dat we nog steeds op een geopolitieke heksenketel zaten die elk moment kon overkoken. Aan de grens met Rusland kregen we meteen te horen dat we binnen de 36 uur het land moesten verlaten. Dan slik je wel even.
Maar dat overheersend grijze gevoel werd uiteindelijk toch nog gecompenseerd door de ongelooflijke gastvrijheid van de Zuid-Ossetiërs. Worstelaar Gennadiy Laliev, in 2004 goed voor zilver op de Olympische Spelen van Athene (zij het onder de vlag van Kazachstan), zag in dat de oorlog zijn land had beroofd van toeristische trekpleisters, maar bezorgde ons alsnog een onvergetelijk moment door ons uit te nodigen

bij zijn familie in de bergen. Ondanks het feit dat ze zelf amper iets hadden, trakteerden die mensen ons op een feestmaal, zo copieus dat het bijna gênant werd. Maar voor de oom van Gennadiy was dat de normaalste zaak van de wereld: "Het is God die alle mensen heeft geschapen", toostte hij, "en dus maakt niet het uit wat je vaderland is. We zijn allemaal mensen!" De nagel op de kop.

DE ÉCHTE WERELD ZIEN

Het bezoek aan die Zuid-Ossetische familie, ergens diep in het binnenland, bewees nog maar eens dat de meest authentieke ervaringen vaak diegene zijn die niet op het programma staan. Dat gevoel overviel me ook in de bruidssuite in Qeshm of tijdens mijn verblijf bij het plattelandsvrouwtje in Bhutan. Als je een televisieprogramma opneemt, is dat soort ontmoetingen natuurlijk eerder uitzondering dan regel, zelfs voor *Reizen Waes*, dat sowieso probeert om de platgetreden paden te vermijden. En toch voel ik soms de onweerstaanbare drang om nog een extra zijweg in te slaan. Dat komt door iets wat iemand me lang geleden heeft aangeraden.

In mijn jongere jaren heb ik ooit eens een soort wereldreis ondernomen, samen met een vriend. Tijdens zo'n wereldreis heb je het gevoel dat je echt aan het backpacken bent, met de *Lonely Planet* in je hand. Maar je bent natuurlijk lang niet de enige die dat boek als leidraad gebruikt. Dus om het even welke route je volgt, je botst heel vaak op andere backpackers, wat natuurlijk afbreuk doet aan de authentieke wereldreizigerservaring.
Op een dag ontmoetten we twee doorgewinterde Duitse hikers, op een trein in het hartje van India. Bij een halte *in the middle of nowhere*, die niet in de *Lonely Planet* vermeld stond, zei een van hen: "Hier moet je afstappen. Dan pas zie je de wereld." Hij had gelijk. Je moet natuurlijk zeker zijn dat je je niet in gevaarlijke buurten begeeft, maar eigenlijk is dat de mooiste manier van reizen.
Diezelfde Duitser gaf me nog een andere tip: tijdens verre reizen aan taxichauffeurs vragen of je eens met hen mee naar huis mag. "Zo zie je pas echt hoe de autochtone bevolking leeft. Zo proef je pas écht hoe het is om in dat land te wonen."

Toen ik jaren later met Rob Vanoudenhoven in Brazilië was – ik werkte toen nog als fixer voor zijn programma's – nam ik de proef op de som. Door problemen met onze vlucht zaten we een dag extra vast in São Paulo. Toen we in een taxi zaten, vroeg ik de chauffeur of hij ons eens wilde laten zien waar hij leefde. Eerst was hij wat verwonderd, maar hij stemde toe en belde daarop meteen naar zijn vrouw met de boodschap dat ze voor extra avondeten moest zorgen. Niet dat we in een favela terechtkwamen, maar toch in een buitenwijk van São Paulo waar geen toeristen kwamen. De hele familie kwam uit nieuwsgierigheid binnenvallen, waardoor het alsmaar gezelliger werd, en we hebben tot 's avonds laat gevoetbald met kinderen uit de buurt. Een avond om nooit te vergeten.

In **Colombia** maakte ik op bijna dezelfde wijze kennis met de twee gezichten van een stad. Cartagena is misschien wel de grootste toeristische trekpleister van het land. Het is een propere, veilige stad met een uitgesproken party-imago. De zogenaamde *chivas* – bussen waarop drank geserveerd wordt en gedanst wordt op muziek van een orkestje – rijden van kroeg tot kroeg, tot iedereen ladderzat is. Foute boel, absoluut niet *my cup of tea*. Vandaar dat we die avond tijdens de montage uit de aflevering hebben geknipt.

Hetzelfde dreigde te gebeuren met mijn bezoek aan de Playa Blanca, het beroemde strand van Cartagena. Hagelwit strand, ligstoelen, strandhutten, duizenden zonnekloppers en... strandventers. Ik werd er non-stop lastiggevallen door brave mensen die me schelpjes, fruit, souvenirs, zelfs twee garnalen wilden verpatsen.
Toen enkele masseuses me onder handen namen, dacht ik echter terug aan de raad van mijn oude, Duitse vriend. Zoals in alle steden was ik me ervan bewust dat ook de schone schijn van Cartagena een schaduwzijde moest hebben. En te oordelen aan hun kleren en de wanhoop waarmee ze hun diensten aanbieden, konden die masseuses mij die laten zien.
De vrouwen waren bereid me mee te nemen naar hun biotoop, en die was behoorlijk confronterend. Ik ben niet wereldvreemd: ik weet dat er armoede is in de wereld, zelfs in onze steden. Maar daar, in die sloppenwijk, op slechts een steenworp van het door toeristen overspoelde

strand, staarde de ellende me van alle kanten recht in het gezicht. Zonder oneerbiedig te willen klinken: deze *barrio* leek wel een grote mesthoop. De straten waren niet onderhouden, in de krotten was er geen elektriciteit noch sanitair die naam waardig, alcoholisme tierde er welig en was het niet van die masseuses geweest, ik had me nooit in deze buurt durven te vertonen.
Maar de vrouwen bleven wel hun goedlachse zelve: "Het leven is hier rustig nu er geen guerrilla meer is, maar wel zwaar. Wij leven van het toerisme en kloppen lange dagen. En dat allemaal in de hoop dat we onze kinderen zo een beter leven kunnen geven dan het onze. Hun toekomst oogt beter dan twintig jaar geleden, misschien kunnen ze zelfs gaan studeren. Zodat ze geen massages hoeven te geven op het strand..."
Een universeel verhaal is het, maar helaas nog de realiteit van elke dag voor heel wat mensen.

MIDDELEEUWSE BLOEDWRAAK

Nergens kwam ik echter zo van de ene emotie in de andere terecht als in het noorden van **Albanië**. In dat onherbergzame gebied leeft men nog volgens de Kanun, een vijfhonderd jaar oud boek waarin eeuwenoude gebruiken en wetten staan neergeschreven. Die Kanun staat voor de lokale bevolking zelfs boven de normale grondwet. Anno 2014 lijkt dat amper te geloven voor een land dat zo snel mogelijk wil toetreden tot de Europese Unie.
Het moet gezegd: van bepaalde tradities kunnen we in West-Europa nog veel leren. Zoals: "Het huis van de Albanees behoort God en de gast toe." Wij hebben de proef op de som genomen bij een boer en zijn gezin in de bergen van Noord-Albanië. En inderdaad, ik werd er bijzonder gastvrij ontvangen en kreeg er een uitgebreide maaltijd voorgeschoteld. Ik heb zeker al lekkerder gegeten, maar net als alle Albanezen was ook deze familie uitermate vriendelijk.

Helaas heeft de Kanun ook een keerzijde, en die luistert naar de naam 'bloedwraak'. In het boek staat dat bloed wordt betaald met bloed, en dus leven in een regio met amper dertigduizend inwoners liefst tweehonderd gezinnen in een vicieuze cirkel van geweld. Als iemand gedood

wordt, zal de familie van het slachtoffer nog steeds het recht in eigen handen nemen en de dader of een van zijn familielieden vermoorden. Waardoor de bloedvete natuurlijk alleen maar in stand wordt gehouden.
De families beroepen zich op de Kanun, maar die traditionele regels worden tegenwoordig eerder als een excuus gebruikt en bijgevolg met de voeten getreden. Oorspronkelijk had de familie enkel het recht om binnen de 24 uur de dader zelf te doden, maar tegenwoordig worden ook familieleden – zelfs kinderen en vrouwen – gedood, zo werd ons toevertrouwd door een van de lokale bemiddelaars die een einde willen maken aan die middeleeuwse praktijken.
Het gevolg van die bloedwraak is dat volledige gezinnen dag in, dag uit opgesloten blijven leven tussen de muren van hun huis, omdat dat – ook weer volgens de Kanun – de enige plaats is waar ze veilig zijn. Gaan werken of naar school gaan, is levensgevaarlijk.
Onze fixer Jimmy Peza heeft met behulp van een bemiddelingsorganisatie een afspraak geregeld met een gezin dat al 23 jaar in doodsangst leefde en om die reden geregeld van verblijfplaats veranderde. Om ethische redenen moesten we er natuurlijk over waken dat we die mensen niet extra in gevaar brachten door met een tv-ploeg extra aandacht op hen te vestigen. We konden ook niet voor de deur parkeren, maar wel een vijftal straten verder. Onderweg naar de afspraak bekroop me dus al een akelig gevoel, en dat zou alleen maar toenemen.

We werden ondanks alles vriendelijk ontvangen door Gjon en zijn kinderen. Zijn vrouw lag op dat moment in het ziekenhuis. Wat Gjon ons vertelde, was hallucinant. Eigenlijk was hij het die eerst was aangevallen met een mes, maar toen zijn broer die aanval wreekte door iemand van de andere familie te vermoorden, werd de bloedwraak pas echt in gang gezet. En omdat Gjons broer in 1997 vrijkwam en spoorloos verdween, richtte de familie haar pijlen – of beter: haar kogels – dan maar op Gjon. Gjon leeft al 23 in doodsangst en overleefde al verschillende aanslagen. Alleen in zijn huis is hij veilig, zelfs op zijn balkon of in de tuin kan hij worden neergeschoten. Of gezien worden door klikspanen die zijn verblijfplaats doorgeven aan de wrekers. Slapen doet hij naar eigen zeggen nooit. Kortom, hoewel Gjon strikt genomen buiten de bloedwraak van de Kanun valt, is zijn leven een regelrechte hel, en dat van zijn kinderen ook. “Het bloed veroudert niet, verdwijnt niet”, getuigde Gjon, “en daardoor

horen mijn kinderen al bij de bloedwraak. Pas als zij me kunnen doden, houdt het op. Dus als ik hier niet wegga, zullen ze mij doden. Maar daar maak ik me geen zorgen over, vroeg of laat ben ik sowieso dood. Eigenlijk ben ik dat al. Maar zolang ik leef, zullen ze ook mijn kinderen proberen te doden."
Weggaan heeft Gjon al meermaals geprobeerd. Hij raakte al tot in Montenegro en zelfs in Zweden, maar telkens werd hij teruggestuurd. Geld voor nog een vluchtpoging heeft hij niet meer, en naar het zuiden van Albanië verhuizen heeft volgens hem geen zin. Zelfs daar zullen ze hem vinden.
"Het enige wat ik wens, is zo snel mogelijk doodgaan. Om aan dit leven te ontsnappen."

Zelden heb ik me zo droevig en machteloos gevoeld. Het totale gebrek aan toekomst voor deze mensen, door de onmenselijke, barbaarse, zinloze situatie waarin ze zich bevinden, deed de tranen in mijn open opwellen. Ook Jimmy, zelf een Albanees, was volledig uit zijn lood geslagen. Cameraman Nico, die zo'n beetje geldt als de nuchterste persoon van de hele crew, was kort tevoren vader geworden en ik zag hoe hij zijn eigen kind zag in het dochtertje van Gjon. Hij was tijdens het gesprek wat gaan filmen in het huisje en kreeg naar eigen zeggen rillingen bij een deur waardoor enkel een streepje licht binnenkwam. Het idee dat ze die deur niet konden opendoen zonder het risico beschoten te worden…

Na deze uiterst pijnlijke ontmoeting snakte de hele ploeg naar een rustige avond zonder verplichtingen. We zijn samen een pint gaan drinken, maar nooit was het zo stil aan onze tafel als die bewuste avond. Ik wist toen al dat deze ontmoeting me mijn hele leven zou bijblijven.

De bedoeling was dat we zouden proberen onze auto op het einde van de reis terug te verkopen aan de handelaar die hem aan ons had verpatst. We wilden nagaan of hij ons zou proberen te bedriegen. Maar plots kreeg ik het idee om onze Mercedes, die onderweg enorm had geleden, volledig te laten opkalefateren, zodat we er meer geld voor zouden terugkrijgen. En in plaats van dat geld te houden, zouden we dat aan Gjon geven. Via de telefoon konden we het productieteam in Brussel overtuigen om deze ongeplande budgettaire aderlating toe te staan.

Voor het goede doel.
We hebben ook de autohandelaar de ware toedracht verteld, in de hoop dat hij zich van zijn vrijgevigste kant zou laten zien, maar de man was niet te vermurwen. Hij pingelde af van 2500 naar 1900 euro en stelde zelfs voor om het geld gewoon aan hem te geven. Alsof hij niet geloofde dat ons nobele gebaar ook maar iets zou uithalen.
We reden terug naar Gjon, parkeerden voor de zekerheid ergens anders dan de vorige keer, en overhandigden hem het geld. Zijn kinderen kregen van ons een doos lekkere chocolaatjes. Gjon was zichtbaar ontroerd: "Mijn eigen overheid helpt me niet, maar jullie wel."
Misschien was ons initiatief boter aan de galg, maar we kunnen alleen maar hopen dat programma's zoals het onze, en hopelijk nog veel andere reportages, de Europese Unie aanspoort om de Albanese overheid tot actie aan te manen. Want dit soort weerzinwekkende praktijken moet zo snel mogelijk aan banden worden gelegd.

SMAKELIJK!

Tijdens het vele reizen krijg je ook letterlijk veel te slikken. Hoewel ik mezelf beschouw als een omnivoor, kwam ik geregeld in contact met smaken waarvan ik niet wist dat ze bestonden. En dat had ik eerlijk gezegd liever zo gehouden... Een top vijf van culinaire afraders.

5. TERERÉ? TARARA!

Van 's morgens tot 's avonds lopen zo goed als alle Paraguayanen rond met een thermos in de hand. Daar gieten ze 's morgens *mate* in, een soort warme thee op basis van de wortels en de bladeren van de yerbaplant. In de loop van de dag koelt die thee af en lengen ze het drankje verder aan met fris water, als verfrissing tegen de tropische hitte. Dan noemen ze het *tereré*. Met mijn kava-ervaring in het achterhoofd (zie nummer 1) was ik niet bepaald happig om te proeven, en dat bleek terecht. Ik vond het verschrikkelijk vies! Dat je de restjes van de plant mee opzoog, hielp evenmin om de smaak te pakken te krijgen.

4. RIBBETJES OP ZIJN NOORD-KOREAANS

In Noord-Korea is de hele crew afgevallen, zo slecht was het eten er. Dat we een bezoek brachten aan een hondenrestaurant, hielp ook niet bepaald. Gids Simon vertelde mij dat het om speciaal gekweekte honden ging, een soort Duitse herders. Maar ik was allang tevreden geweest met een chihuahuafilet. Ik kreeg soep met hondenvlees en ribbetjes voorgeschoteld. Als niemand het mij had verteld, dan had ik wellicht gedacht dat ik konijn aan het eten was. Het heeft dus alles met cultuur te maken: voor ons is een hond een huisdier. Australiërs kunnen ook niet geloven dat Belgen konijn met pruimen eten. Maar genieten deed ik er niet van.

3. GASTVRIJGEIT

In de bergen van Noord-Albanië trakteerde een bijzonder gastvrij gezin ons op een vorstelijke maaltijd. Volgens de plaatselijke Kanun-wet wordt de gast als God beschouwd, dus dat beloofde. Dat er kippenmaag en een volledige aan het spit gebraden geit op het menu stond, was dan ook een streep door de rekening. Toen de kop van de geit voor mijn ogen werd gespleten om de hersenen eruit te halen, haakte ik helemaal af. Gelukkig mocht ik voor God spelen en schoof ik de lokale delicatessen netjes door naar mijn goede vriend Jimmy Peza...

2. BETEL NIET PLOEVEN!

Zoals gezegd was het eten in Bhutan lekker, maar nogal eentonig. Vandaar dat we zo genoten hebben van ons bezoek aan een Zwitsers fonduehuisje, dat er cultureel een beetje als een tang op een varken paste. Op de markt in hoofdstad Thimphu waagde ik me ook eens aan een betelnoot. Zoals de Arabieren qat hebben en de Scandinaviërs pruimtabak, zitten veel Bhutanezen dag in, dag uit op die noten te kauwen. Hun tanden en tandvlees worden er volledig rood van, maar blijkbaar hebben de noten een opwekkende werking. Nooit, maar werkelijk nooit eerder heb ik zoiets bitters geproefd. Verschrikkelijk vies vond ik het. De noot zou het hongergevoel moeten tegengaan, maar ik had meteen zin in een zoveelste bord linzen om de smaak weg te werken.

1. GLAASJE KAVA?

Met grote voorsprong op één staat echter de kava, het drankje dat de primitieve Lowinyo-stam in Vanuatu drinkt om in contact te komen met de vulkaan en in een soort trance terecht te komen. De speciale bereiding bestond erin dat de hoofdman de kavaplant opat, inslikte en opnieuw uitbraakte, waarna hij de brij uitperste en het sap aan mij aanbood. Ik kon onmogelijk weigeren. Dat ik had gezien hoe het sapje tot stand was gekomen, maakte de sowieso al vieze smaak nog duizend keer erger. Kokhalzen was onvermijdelijk, tot groot jolijt van de crew. Maar dit keer zou ik niet als enige lijden. Cameraman Jef deed alleen maar alsof en moest al bijna overgeven, klankman Johan heeft wel gedronken en daarna ei zo na de darmen uit zijn lichaam gekotst. Gelukkig nam de hoofdman daar geen aanstoot aan.
Ook in de andere stammen werd ons kava aangeboden. Hoewel het drankje daar werd geproduceerd door de wortel in een speciale molen te malen en er water aan toe te voegen, hebben we vriendelijk bedankt. Zelfs in de cafés in de steden dronken de Vanautuanen kava uit een soort bruine bierflessen, omdat ze er wat licht in het hoofd van werden. Geef mij dan maar een pintje.

Van de pot gerukt

"Onwaarschijnlijk." Nauwgezet onderzoek zou wellicht uitwijzen dat dát het woord is dat ik in de twee seizoenen van *Reizen Waes* het vaakst in de mond heb genomen om uiting te geven aan mijn verbazing. Ik werd dan ook veelvuldig geconfronteerd met absurde, zelfs waanzinnige toestanden. Eén ding is zeker: was mijn broek bij elk van die situaties écht afgezakt, dan was ons programma nooit in primetime uitgezonden.

ALLES VOOR DOKTER MOON

De Pantanal is het grootste drasland ter wereld en strekt zich uit over Bolivia, Brazilië en het noorden van **Paraguay**. In Brazilië lokken de lagunes behoorlijk veel toeristen, maar in Paraguay is dit ronduit schitterende natuurgebied, dat doet denken aan de Everglades in Florida, een niemandsland.
Of toch niet helemaal, want sinds 1999 bouwen een vijftiental Japanners er een gigantisch resort, te midden van het moeras. Het gaat om volgelingen van de Koreaanse dokter Sun Myung Moon, de stichter van de Verenigingskerk, door critici ook wel de Moonsekte genoemd. Het plaatsje Puerto Leda was tot vijftien jaar geleden amper toegankelijk. Er leidden geen berijdbare wegen naartoe en met de boot was je dagen onderweg. Maar tijdens een van zijn reizen was dokter Moon zo onder de indruk van het landschap – terecht – dat hij er een soort vreedzame Tuin van Eden wilde laten bouwen voor iedereen – al een pak minder terecht, naar mijn mening. Want benieuwd als ik ben, wilde ik natuurlijk graag een bezoekje brengen aan de Japanse *moonies* die al jaren aan de droom van hun leider werken. Dankzij hen was er een landingsbaan gebouwd, dus konden wij het resort vrij gemakkelijk bereiken. Wat we daar aantroffen, deed ons de wenkbrauwen fronsen. En dat is een understatement.

Mister Sano, die ons bijzonder vriendelijk ontving, toonde ons trots hoe hij en zijn geloofsgenoten probeerden om onderwateraardappelen te kweken, met de bedoeling om die te verhandelen, zodat de gemeenschap zelfbedruipend kon worden. Om dezelfde reden waren ze er na jaren zwoegen in geslaagd om vissen te kweken, maar gids Peter schudde meewarig het hoofd. Er schortte van alles aan hun techniek. En zelfs

als ze al genoeg vis zouden kweken om te verkopen of te exporteren, hoe zouden ze die dan vanuit hun plekje *in the middle of nowhere* aan de man kunnen brengen? Daardoor leken hun bezigheden meer op een uit de hand gelopen hobby waar onmetelijk veel geld tegenaan werd gegooid dan op een doordacht plan.
Naar mijn gevoel waren Mister Sano en co al vijftien jaar aan het aanmodderen. Letterlijk en figuurlijk. Zoals die kok die in zijn laboratorium op zoek was naar een recept voor zijn 'experimentele' worst. Hoe moeilijk kan het zijn om een worst te fabriceren? Die worst werd trouwens gemaakt van het vlees van varkens die ze via het water helemaal tot bij hen hadden laten komen. Helaas konden wij de dieren niet bezichtigen, want door de regen stonden hun stallen onder water en konden we er niet heen... Net zoals het gastenverblijf trouwens. Kortom, de plek ademde een en al tragiek.

Toen wij er waren, hadden ze naar eigen zeggen genoeg vis voor zichzelf en voor de boeren uit de omgeving die kwamen helpen (en die ze op die manier tot hun project en geloof probeerden te bekeren). Maar de bedoeling was wel om ooit veel meer opbrengst te genereren, zodat de inkomsten zouden toenemen, waardoor ze dan weer meer Moonvolgelingen in hun paradijs zouden kunnen verwelkomen.
In afwachting van dat nobele doel was de Moon-gemeenschap in Puerto Leda grotendeels afhankelijk van giften van afdelingen uit de rest van de wereld. En dat terwijl de in 2012 overleden dokter Moon zelf al miljoenen tegen het project aan had gegooid. Met dat geld waren elektriciteitsleidingen naar dat godvergeten gat gelegd, was er een state of the art zwembad aangelegd, alsook een joekel van een eetzaal en een lachwekkend groot balkon met uitzicht op de Pantanal. Maar ze woonden er nog altijd maar met vijftien man! En deze heren van middelbare tot bejaarde leeftijd zagen er niet uit alsof ze elke dag tientallen baantjes trokken. Vrouwen waren er trouwens niet te vinden. Zij waren achtergebleven in Japan, waar ze één keer per jaar bezocht werden door hun hardwerkende echtgenoten... En dat allemaal voor de wereldvrede. Een bewonderenswaardig idee, al kon ik niet anders dan die mensen wereldvreemd vinden.

Het staat hen vrij om te geloven wat ze willen. Dokter Moon heeft zich ongetwijfeld verrijkt op de rug van zijn volgelingen, maar als die

mensen bereid zijn niet te roken, niet te drinken, geen seks te hebben en jarenlang in de modder te ploeteren om de ultieme vreedzame plek te creëren, dan is dat hun goed recht. Ze waren bovendien zo sympathiek en gastvrij dat ik absoluut niet de drang voelde om met hen te spotten. Ik vond ze vooral schattige en vinnige Japannertjes. Maar ik vond ze dus naïef. Na al die jaren trappelde hun gemeenschap nog steeds ter plaatse, maar dat leek hen niet te deren. Mister Sano begreep waarom buitenstaanders hen naïef noemden, maar zelf vond hij hun onvermoeibare inzet vooral volhardend. “We hebben een droom en daar gaan we voor”, zei hij trots. “En zolang er leven is, is er hoop.”
Maar mocht ik dokter Moon zijn (en nog leven), dan zou ik toch stilaan wat *return on investment* willen zien. En in de plaats van Mister Sano en zijn kompanen was ik het daar allang afgebold...

WACHTEN OP JOHN FRUM

In diezelfde religieuze sfeer kan ik niet anders dan het ook hebben over de cargocultus van de John Frum-stam op het eiland Tanna. Voor ons vertrek naar **Vanuatu** was een bezoek aan deze gemeenschap een absolute must, want het verhaal erachter sprak enorm tot de verbeelding. Al zijn er verschillende versies over het ontstaan van de John Frum-stam en zelfs over de naam.
In het begin van de vorige eeuw werd de eilandengroep, toen nog de Nieuwe Hebriden genaamd, gekoloniseerd door de Fransen en de Britten. Christelijke missionarissen zwaaiden er de plak en verboden alle primitieve tradities en geloofsovertuigingen. De autochtone bevolking onderging die onderdrukking zo'n dertig jaar, tot een van hen het volk verenigde en beloofde dat er overvloed zou komen voor al wie de Europese levenswijze verwierp. Deze man werd 'John Frum' genoemd, mogelijk een verbastering van 'John from Jesus Christ', waarmee wellicht naar Johannes de Doper werd verwezen. Zijn volgelingen trokken zich terug in het binnenland om de oude tradities in ere te herstellen. Daar zouden zij wachten tot de geesten van hun voorouders hen opnieuw rijkdom zouden brengen.
Maar begin jaren veertig kreeg deze cultuur een totaal andere wending, toen honderden Amerikaanse soldaten voet aan wal zetten op het eiland. Zij vroegen de autochtonen om hen te helpen bij het oprichten

van een militaire basis, inclusief vliegveld, wegen, bruggen en een ziekenhuis. Zo kwamen deze 'inboorlingen' nogal bruusk in contact met voor hen totaal onbekende gebruiken, toestellen en materialen. Maar ze raakten pas echt in de war toen Amerikaanse vliegtuigen allerlei ladingen (cargo) op het eiland dropten. Volgens de traditionele inwoners van Vanuatu kon het niet anders of de Amerikaanse soldaten stonden in rechtstreeks contact met hun voorouders, die vanuit de lucht rijkdom over het eiland strooiden. En de zwarte soldaten moesten wel deel uitmaken van John Frums eigen afdeling binnen het Amerikaanse leger. Vandaar dat sommigen menen dat de naam 'John Frum' afkomstig is van 'John From America'.
Toen de Amerikanen Tanna verlieten en er niet langer cargo's op het eiland werden gedropt, begonnen de ontredderde autochtonen John Frum – vaak voorgesteld als een Afro-Amerikaanse soldaat – en de achtergebleven goederen te vereren. Bovendien begonnen ze de installaties van de Amerikanen na te bouwen. Met hout, touw en achtergebleven blikken bouwden ze controletorens en een pier, in de hoop dat John Frum met vliegtuigen en boten vol rijkdom naar het eiland zou komen. In plaats van op de Messias wachtten zij dus op hun eigen verlosser, die volgens sommigen binnen in de vulkaan Mount Yasur zou wonen. Yasur betekent trouwens 'God' in de lokale taal.

Die zogenaamde cargocult bestaat tot op vandaag. Elke vrijdag wordt tijdens een plechtige ceremonie de Amerikaanse vlag gehesen en op de jaarlijkse feestdag ter ere van John Frum, op 15 februari, paraderen de 'gelovigen' in Amerikaanse uniformen en met machinegeweren.
Wij wilden natuurlijk wat graag meer te weten komen over de cargocultus rond John Frum en indien mogelijk getuige zijn van zo'n ceremonie. Maar we kwamen van een kale reis terug…
Helaas waren we er niet in geslaagd om op voorhand een afspraak te regelen. Misschien is dat zelfs onmogelijk met een stam die heel wat aspecten van het moderne leven afzweert in afwachting van de komst van John Frum en alle weelde die daarmee gepaard zou gaan. Anders dan bij de Lowinyo's en de Small en de Big Namba's werden we niet bepaald welkom geheten. Toen we de 'woordvoerder' wat uitleg vroegen over de cultus en de herkomst van de naam 'John Frum', kregen we een ontwijkend en onsamenhangend antwoord. Er waren ook niet veel relikwieën meer te zien. De nagebouwde vliegtuigen en jeeps waren

verdwenen – of verborgen? Wel lag in het huis van de man nog een Amerikaans legeruniform en een helm en zagen we ook in het dorp mensen in zo'n uniform rondlopen. Bovendien wapperden de stars-and-stripes op het centrale plein.

Maar hoe hard we ook aandrongen, we werden niet veel wijzer. Erg jammer, maar misschien is het maar beter zo. Het is wel begrijpelijk dat een stam die pas een dikke halve eeuw geleden in contact kwam met de westerse cultuur, tijd nodig heeft om een eigen invulling te proberen geven aan die veranderende realiteit. Maar als je hun bizarre, gemixte traditie door een westerse bril bekijkt, heeft het ook iets tragisch. En het is mijn indruk dat de John Frum-stam dat stilaan ook begrepen heeft. Door de toenemende modernisering op Vanuatu en het aanzwellende toerisme kan het bijna niet anders of die mensen zijn beginnen in te zien waar ze al decennialang mee bezig waren. En in plaats van nog langer te koop te lopen met hun cultus, maken ze zich liever niet langer belachelijk – tenminste, dat is hoe ik de defensieve houding die ons te beurt viel interpreteer. Niet verwonderlijk dat de officiële gidsen de John Frum-stam steeds vaker links laten liggen.

OPGEPAST: TOURIST TRAPS!

In **Vanuatu** maakte ik ook kennis met het andere uiterste: zo hard je best doen om toeristen te lokken dat het belachelijk wordt.
Het zal je job maar zijn: elke dag 20 meter ver zwemmen, vervolgens een vijftal meter onder de zeespiegel duiken naar een wrakstuk van een vliegtuig, en daar een uur per dag wachten op toeristen die een geplastificeerd, waterdicht postkaartje willen opsturen met "Groetjes van onder de zeespiegel". Om telegenieke redenen ben ik in de rij gaan staan, heb ik mijn beurt afgewacht en ben ik ook naar 'het enige onderwaterpostkantoor ter wereld' gedoken, maar in alle eerlijkheid: hoe lachwekkend is dat? Temeer omdat de situatie in Vanuatu niet lachwekkend is, want de eilandengroep is een van de eerste landen die verzwolgen dreigt te worden als de zeespiegel zo dramatisch blijft stijgen. Nu ben ik wel te vinden voor enige zelfspot of relativering, maar het onderwaterpostkantoor verwees niet eens naar de alarmerende situatie van de archipel. Het postkantoor wil vooral het snorkelen promoten en

het belang van de zee voor de inwoners van Vanuatu in de verf zetten. Eens te meer had ik het gevoel dat de gemiddelde Vanuatuaan amper besefte dat diezelfde zee weleens zijn einde zou kunnen betekenen. Sensibilisering was mijns inziens misschien een beter idee geweest.

Dan had ik veel meer sympathie voor de hilarische *tourist trap* die ik nabij de Colombiaanse stad Cartagena heb bezocht. In het scenario stond vermeld: "Volcán Natural del Totumo", meer niet. Omdat Mount Yasur in Vanuatu voor een onvergetelijke ervaring had gezorgd, was ik best wel benieuwd naar die 'natuurlijke vulkaan' – al vroeg ik me wel af hoe een onnatuurlijke vulkaan er dan moest uitzien. Ironisch genoeg kreeg ik het antwoord op die vraag toen ik ter plaatse aankwam.
De Volcán Natural zag er vooral uit als een kunstmatig verhoogde molshoop van zo'n 15 meter hoogte, waarop men een trap had aangelegd tot aan de rand van de krater. En eenmaal boven wisten we helemaal geen blijf meer met ons ongeloof: Colombianen en toeristen genoten er van een modderbad – lees: een uit de kluiten gewassen put vol slijk. Het contrast met de imposante, vuurspuwende Mount Yasur kon niet groter zijn! Naar verluidt bevindt zich op die plek wel degelijk een natuurlijke vulkaan en zou de krater wel 1500 meter diep zijn. Volgens de overlevering zou El Totumo ooit ook lava en vuur hebben gespuwd, maar toen een lokale priester er wijwater in goot omdat hij dacht dat de Duivel erin tekeerging, werd het een moddervulkaan.
Het lot van een televisiemaker is dat hij altijd voor zo spectaculair mogelijke beelden moet zorgen, dus kon ik er niet onderuit: ook ik moest een duik nemen. Ik was duidelijk niet de enige toerist die in deze val was getrapt, maar ik werd ook omringd door Colombianen die rotsvast overtuigd waren van de helende kracht van die modder.

De hele site had wel iets aandoenlijks, vond ik, vooral omdat de *locals* er alles aan deden om van de vulkaan hun broodwinning te maken. In het bad kon je iemand betalen om je te laten masseren. Rond de berg staan straatventers plastic flesjes te verkopen met 'de enige, echte helende modder van El Totumo', en aan het kleine riviertje waarin je je na afloop kon afspoelen, verkocht men shampoo of bood men aan om je tegen betaling te wassen. Een beetje schrijnend misschien, maar ik bewonder toch ook de creativiteit waarmee die mensen brood op de plank willen krijgen.

LOPEN!

Een van de meest bizarre activiteiten waar ik voor *Reizen Waes* aan heb deelgenomen, speelde zich af in **Mexico**-Stad, nog voor ik mijn tocht naar het noorden van het land aanvatte. Jaarlijks proberen duizenden mensen – Mexicanen en andere Latijns-Amerikanen op zoek naar een betere toekomst – illegaal de grens met de Verenigde Staten over te steken. Maar dat lukt lang niet altijd.
Na een aantal mislukte pogingen, waarbij ze telkens werden gearresteerd en teruggestuurd, gaf een groep Mexicanen de moed op. Hun ervaringen als 'vluchteling' hadden hen zo zwaar getekend dat ze hun landgenoten dezelfde ontgoocheling wilden besparen. En dus kwamen ze met een wel heel vreemd idee voor de dag: een pretpark waarin je aan den lijve kunt ondervinden hoe het is om illegaal de grens naar de Verenigde Staten over te steken – of beter: dat te proberen. Een soort *re-enactment* dus, maar dan een pak opwindender dan die van de Slag bij Waterloo...
Ik schreef me in en trachtte samen met een aantal andere betalende Mexicanen en in het pikdonker een denkbeeldige grens over te steken. Uiteraard was ik me er de hele tijd van bewust dat alles fake was, maar de blaffende honden, de loeiende politiesirenes en de rondflitsende stralen van zaklampen deden het bloed toch iets sneller door mijn aderen stromen. Zoals de 'echte' vluchtelingen moeten kapotgaan van stress en angst, maar dan een pak minder erg. Ik probeerde uit de handen van de agenten te blijven, maar ook ik werd gearresteerd en gefouilleerd, wellicht net iets minder hardhandig dan die arme drommels die van een mooiere toekomst dromen...
"We maken het zo realistisch mogelijk om te laten zien dat het gevaarlijk en moeilijk is", aldus een van de acteurs die in de huid kruipen van politieagenten of mensensmokkelaars. "We willen niet dat mensen emigreren, we willen vermijden dat er nog meer mensen omkomen in de woestijn."

De volgende dagen zouden wij toch richting Amerikaanse grens trekken. Niet om de Verenigde Staten binnen te dringen, maar om na te gaan of het noorden van Mexico nog altijd gebukt ging onder de terreur van de drugsbendes. Onderweg brachten we een bezoekje aan de Tarahumara, een indianenstam die afwisselend als nomadische herders en in nogal primitieve huisjes leeft. Tarahumara Indianen of *raramuri* ('lichte voeten') zijn misschien wel de strafste afstandslopers ter wereld. Lopen is de manier om de afstanden tussen de verafgelegen nederzettingen in de Baranca del Cobre (Koperkloof) af te leggen. Ze lopen op zelfgemaakte sandalen, *huaraches*, gemaakt van autobanden. Nike probeerde hen ooit te sponsoren maar ze kregen zweren van de schoenen. Mexico stuurde hen ooit naar een loopwedstrijd in Zwitserland maar ze werden ziek van het eten en wonnen niet.

Deze *native Americans* zijn vooral bekend vanwege één specifieke specialiteit. Naar aanleiding van een of andere feestdag die toevallig gevierd werd, wilden de Tarahumara ons die specialiteit demonstreren.
Een groep meisjes begon blootsvoets aan een soort loopwedstrijd, terwijl ze met een stok een steentje voortrolden. Ietwat vreemd, maar nog niet wereldschokkend. Maar toen de meisjes na een halfuur nog niet terug waren, begonnen wij ons af te vragen hoelang ze nog zouden wegblijven.
"Eerst lopen ze 13 kilometer in die richting, dan nog eens 13 kilometer in die richting..."
"Hoelang duurt die wedstrijd dan wel?"
"Drie tot vier uur."
Daar zakte mijn broek van af. Pas na anderhalf uur verschenen de meisjes opnieuw in ons gezichtsveld, nog steeds die steen voortrollend, maar dan moesten ze nog een heel traject afleggen! En toen de wedstrijd eindelijk voorbij was, waren de jongens – tussen acht en vijftien jaar – aan de beurt. Die legden een parcours af van... 100 kilometer! Onwaarschijnlijk.
We beleefden in dat dorp niet de meest opwindende dag, want terwijl die kinderen hun kilometers maalden, konden wij niets anders doen dan koffiedrinken. Maar wat was ik onder de indruk van hun atletische vermogen. Naar verluidt waren deze Tarahumara het van oudsher gewoon om twee dagen aan een stuk te lopen, daarbij afstanden tot 300 kilometer afleggend, bijvoorbeeld om te jagen of met andere stammen in contact te komen! Helaas, blijkbaar lopen ze te traag om de Kenianen en de Ethiopiërs het vuur aan de schenen te leggen op de Olympische Spelen.
De Tarahumara zouden er misschien wél in slagen om de grenspolitie

af te schudden, maar ik had de indruk dat deze indianen hun boontjes liever in hun eigen natuurlijke habitat dopten. Al waren ze niet wereldvreemd. Toen ze bij valavond vernamen dat wij nog 100 kilometer richting ons hotel moesten rijden, vonden ze dat absoluut geen goed idee. Daarom hebben ze twee mensen met ons meegestuurd, bij wijze van escorte. 's Nachts gebeurden er nu eenmaal dingen die het daglicht niet mochten zien. Maar dat is weer een ander verhaal (zie hoofdstuk 'Goed Fout' p. 151).

SPECIAAL VOOR MIJ

In een hoofdstuk als dit kan ik onmogelijk voorbij aan **Turkmenistan**, een land dat in zijn geheel van de pot gerukt lijkt. Of is het 'normaal' te noemen dat de president van een van de warmste en droogste landen ter wereld een gigantische ijspiste laat bouwen omdat hij nu eenmaal dol is op ijshockey? Op die piste traint zijn eigen ijshockeyploeg. Wedstrijden spelen zit er niet in, want het is tevens de enige ploeg van Turkmenistan. Om de absurditeit van een ijspiste te midden van een zandbak op een ironische manier in beeld te brengen, hadden wij vooraf vriendelijk gevraagd of ik even op die piste mocht schaatsen. Maar bij onze aankomst ter plaatse bleek al snel dat de overheid iets anders voor ons in petto had.
Na een obligaat bezoekje aan een soort museum waarin ijshockeyoutfits en foto's waren tentoongesteld, beklommen we de trap die ons naar de hoofdtribune leidde. In plaats van ons richting kleedkamer te begeven en onze schaatsen aan te trekken, verzocht Aziz me om plaats te nemen. Wat daarna gebeurde, tartte elke verbeelding: op het ijs doken tientallen feestelijk uitgedoste schaatsballerina's en ballerino's op, bijna allemaal jonge kinderen, die op de tonen van Turkmeense volksmuziek een tot in de details gerepeteerde choreografie ten beste gaven. Na een tiental minuten bereidde ik me voor op een slotakkoord, maar het dansgala bleef maar duren en klokte uiteindelijk af op zomaar eventjes twee uur. En die hele opvoering bleek speciaal voor mij in elkaar gestoken te zijn! Aziz en ik zaten effectief helemaal alleen in het bespottelijk grote stadion en werden getrakteerd op versnaperingen. Aziz zat te glunderen, maar ikzelf voelde me zelden meer gegeneerd.

Het was lang niet de enige keer dat de Turkmeense overheid zich in onmogelijke bochten wrong om het me toch maar naar mijn zin te maken. Al moest ik er af en toe wel zelf voor uit mijn krammen schieten. Na nog maar eens een totaal oninteressant bezoek aan een levenloos plein met even levenloze standbeelden, stond in principe een bezoek aan de paardenrennen op het programma. Maar door het eeuwige getreuzel van onze begeleiders dreigden we die uitstap door onze neus geboord te zien. Het was zogezegd te laat geworden. Het moment was rijp om het advies op te volgen dat Rudi Vranckx me had gegeven: "Als je je op tijd en stond eens kwaad maakt, schrikken ze zich een hoedje en gaan er soms toch deuren open." Zo gezegd, zo gedaan. Met succes. Na een kleine aanval van Franse colère duurde het amper een halfuur of we stonden met ons hele gevolg aan de ingang van de hippodroom. Eindelijk een plek waar de gewone Turkmenen in groten getale aanwezig waren en waar we in alle vrijheid mochten filmen, zij het slechts gedurende welgeteld zeventien minuten, liet Aziz me weten. Vol goede moed liep ik de paardenrenbaan in, maar groot was mijn verbazing en nog groter mijn teleurstelling toen ik naar een volledig lege tribune werd geleid. Ik moest de paardenrennen in mijn eentje volgen, op amper 10 meter van een tribune vol enthousiaste Turkmenen. Hoezeer ik ook aandrong, er was geen sprake van dat ik me onder de modale burgers zou mengen. Tijd dus voor 'Franse colère, *deuxième partie*'.
"Maar wat wil je dan?" vroeg een stilaan radeloze Aziz me bijna smekend.
"Volk, verdorie!"
"Oké, we gaan mensen halen."
Ik ging ervan uit dat ze een aantal mensen van de andere kant van het stadion gingen halen en verheugde me al op wat bruisende sfeer, maar na een halfuur doken daar plots tientallen in identieke blauwe trainingspakken geklede mannen op die rond mij kwamen zitten.
Dit konden ze toch niet menen? Maar ze meenden het wel. Voor de start van de paardenrennen was er blijkbaar een sportmanifestatie geweest, en met een aantal paniekerige telefoontjes hebben ze die 'atleten' teruggehaald en opgedragen om mij gezelschap te houden. Van gedachten wisselen zat er helaas niet in, want die mannen – of moet ik zeggen 'marionetten' – waren het Engels niet machtig.
Gelukkig was ik intussen murw geslagen door de Turkmeense

absurditeiten en zag ik de humor in van dit tafereel.
Maar het kon nog hilarischer. Rudi Vranckx had me op voorhand gewaarschuwd dat Turkmenistan een theater was, waarin wij een rol zouden spelen. "De gewone mensen worden er vervangen door veiligheidsagenten die zich gedragen zoals het moet." Nergens kwam dat duidelijker tot uiting dan op de markt in Asjchabad. Ons bezoek aan die markt had trouwens ook weer behoorlijk wat voeten in de aarde gehad. Eerst werden we getrakteerd op een maaltijd en nog enkele verplichte nummertjes, maar wij wilden ons natuurlijk door de markt zelf bewegen. Pas na lang aandringen kreeg Aziz daar eindelijk de toestemming voor van enkele lokale veiligheidsagenten.
Maar zodra we tussen de kraampjes wandelden, schoten die bodyguards in een soort kramp. Een van hen liep enkele meters voor ons uit om alles wat slordig oogde buiten beeld te duwen. Kartonnen dozen, mandjes en andere 'rommel' moesten verdwijnen, oude mensen werden uit de weg gemanoeuvreerd, een verkoopstertje moest een ander jasje aantrekken. Want stel je toch eens voor dat alles op deze markt 'naturel' zou overkomen...
Zodra we in de gaten kregen waar die agent mee bezig was, beslisten we om volledig op hem te focussen. De markt zelf kon ons op dat moment gestolen worden, wij wilden laten zien hoe gek die Turkmeense staatsambtenaren waren. Ik deed wel alsof ik geïnteresseerd was in de uitgestalde koopwaar, maar cameraman Jef had enkel nog oog voor de zenuwpees voor ons. De hele situatie was dolkomisch, maar wat het extra mooi maakte, was de blik van verstandhouding die ik met Aziz uitwisselde. Hij had al snel door waar we mee bezig waren en knikte dat we vooral verder mochten doen. Aziz, die buiten beeld al zijn beklag had gedaan over zijn land, had af en toe ook zijn buik vol van al dat fake gedoe. De beelden die op de markt werden geschoten, waren trouwens niet zijn verantwoordelijkheid, maar die van de securitymensen ter plaatse. Het was zijn kleine, persoonlijke revanche op het systeem, na alle stront die hij als onschuldige gids al van ons over zich heen had gekregen.

HET ULTIEME EERBETOON

Ook in **Noord-Korea** maakte ik hallucinante taferelen mee, waarvan de meeste me vervulden met ergernis. Dat ik bijvoorbeeld dagelijks, of

toch bijna, de standbeelden van de Grote Leiders moest groeten, hing me na een tijdje de keel uit. Maar wat we niet in onze aflevering hebben kunnen laten zien, is dat ik ook twee keer – eigenlijk was het zelfs acht keer – heb gebogen voor de 'echte' Grote Leiders.
De gidsen waren namelijk bijzonder trots om me de residentie van Kim Il-sung te laten zien. Buiten Noord-Korea wordt die plek een mausoleum genoemd, maar omdat de stichter van de DPRK volgens zijn volgelingen niet dood is, woont hij er officieel nog steeds. In die residentie liggen echter wel degelijk de lichamen van Kim Il-sung en van zijn zoon Kim Jong-il opgebaard. Maar wat een verrassing: net nu we eens iets spectaculairs te zien zouden krijgen, was filmen verboden!

Begrijpelijkerwijs moest ik mijn zondagse kostuum aantrekken en ter plaatse werd ik onderworpen aan een grondige controle, zoals op de strengste der luchthavens. Ik zou een heilige plek betreden, zoveel was duidelijk.
De eerste drie kwartier werd ik op rolmatten – het soort vlakke roltrappen die je ook op luchthavens aantreft – door allerlei reusachtige zalen geloodst die vol hingen met even reusachtige schilderijen van de eerste twee Grote Leiders, telkens in een ander decor: voor een berg, in het bos, noem maar op. De Noord-Koreanen, die deze residentie in traditionele klederdracht bezochten, vergaapten zich aan de portretten en konden hun gesnik amper onderdrukken. Absolute stilte was immers vereist.
Na dat eerste gedeelte werd ik door een soort reuzenhaardrogers geleid, die mij afstoften en reinigden, zodat de ruimtes met de gebalsemde lichamen van de Leiders smetteloos zouden blijven. Diezelfde procedure had ik ooit doorstaan toen ik de graftombe van Lenin bezocht in het Kremlin.
Vervolgens betrad ik het eerste mausoleum, waar de in 1994 overleden Kim Il-sung opgebaard lag. Het was een volledig verduisterde zaal met alleen maar rode lichten, en in het midden een glazen kist waarin de eerste Grote Leider rustte, uiteraard gekleed in een legeruniform. Onder de waakzame ogen van de soldaten – in elke hoek een – moest ik aan de vier zijden van de kist een buiging maken. Eindelijk *the real thing* na die ontelbare standbeelden, en best wel een beladen moment.
Na die begroeting werd ik nog eens door twee zalen geleid vol medailles en eretekens die de eerste Grote Leider heeft gekregen. Zoals... het

In Bor met Daniel (tweede van links), een van de *Lost Boys of Sudan*.

Love is in the air! Een strandwandeling met Pascal.

'Eigen kweek' in het Albanese dorpje Lazarat.

Nagenietend van een verkwikkende kava in Vanuatu.

Op mijn eigen begrafenis in Zuid-Korea tijdens een sessie *happy dying*.

Stoeien met Fifi, een tapir in Paraguay.

De verplichte buiging voor de Grote Leiders in Noord-Korea.

In Bhutan is de maatstaf van de levenskwaliteit het Bruto Nationaal Geluk.

Zuid-Soedan, 's werelds nieuwste maar niet ongevaarlijkste land.

De ultieme onthaasting met mijn Bhutaanse gastvrouw.

In Bettles valt geen mens te bespeuren.
Wel elanden, rendieren, wolven en…

… een zwarte beer langs de oever.

De crew in Ciudad Juarez, de dodelijkste stad ter wereld.

Paardjes kijken tussen de 'modale' Turkmenen.

De uitgestrekte schoonheid van de Turkmeense Yangykala Canyon.

Dochula (Bhutan), een magische plek.

Pitcairn, adembenemend mooi maar véél te ver en véél te saai.

Voor de Magic Bus van Chris McCandless, een bedevaartsoord voor hikers.

De *Volcán Natural del Totumo*, een hilarische tourist trap in Colombia.

"Ik zie er toch niet uit als een Amerikaan hé."

Reizen Waes stond garant voor onwaarschijnlijke avonturen met mijn crew.

ereburgerschap van Liedekerke. In 1987 had de socialistische burgemeester van de Vlaams-Brabantse gemeente, Clement Laurent, Noord-Korea bezocht. En hij was daar blijkbaar zo hartelijk door Kim Il-sung ontvangen dat hij de dictator prompt een erepenning gaf. Ik ontwaarde er ook eredoctoraten van allerlei obscure landen – Oeganda of Papoea-Nieuw-Guinea, ik zeg maar wat – en olympische medailles. Je moet echter weten dat elk deelnemend lid van het Internationaal Olympisch Comité sowieso een symbolische medaille krijgt toegestuurd, dus veel verdienste had Kim Il-sung daar niet aan.
Dat waren lang niet de enige eretekens van bedenkelijke origine. Of wat dacht u van een dolk die hij kreeg van Moammar Khaddafi, de intussen vermoorde dictator van Libië? Ook andere notoire schurken gaven hun 'collega' dolken, kamelenzadels en andere souvenirs cadeau.
Wat ik persoonlijk leuker vond, was een zaal waar al zijn auto's uitgestald stonden. Eigenlijk waande ik me meer in een museum dan in een mausoleum.
Op een andere verdieping groette ik ook het opgebaarde lichaam van zijn zoon Kim Jong-il, diens kleine gestalte uiteraard vakkundig gecamoufleerd. Tot slot kreeg ik in de aanpalende zaal de trein te zien waarin Kim Jong-il in 2011 is gestorven. Alles staat er perfect zoals het was toen hij de geest gaf. Inclusief opengeklapte MacBook Pro. Verrassend Amerikaans vond ik dat.

Nergens anders was de irrationele verering van de Grote Leiders zo tastbaar als in het mausoleum. Ik werd er omringd door oprecht aangeslagen Koreanen, die hun idolatrie op een weliswaar ingetogen manier ventileerden.
Westerse toeristen mogen nog maar sinds januari 2013 de gebalsemde lichamen van Kim Il-sung en zijn zoon begroeten. Ik heb dat voorrecht ook genoten en vond het een surreële ervaring. Echt jammer dat we niet mochten filmen of fotograferen, maar ergens is dat ook wel logisch. De duizenden flitsen hebben wellicht een kwalijke invloed op de houdbaarheidsdatum van de lichamen. Maar diep vanbinnen denk ik ook dat de Noord-Koreanen zelf beseffen dat al die louche eretekens geen reclame zijn voor hun land...

GOED ZAT, GOED GEK, GOED DOOD?

Terwijl de Noord-Koreanen alle heil verwachten van hun Grote Leiders, zijn de Zuid-Koreanen doordrongen van het idee dat ze zelf hun toekomst in handen hebben. En voor een betere toekomst hebben ze heel wat over. Je gezicht laten corrigeren om meer kans te maken op een betere job, is een van die opofferingen, maar in Seoel zag ik nog wel meer geflipte bijwerkingen van de ratrace.

De redactie had me op voorhand bijvoorbeeld ingelicht over het fenomeen van de *hoesik*. Na het werk trekken de suf gewerkte yuppies massaal de bars in om daar, in maatpak, samen iets te eten en zich te pletter te drinken. Niet elke dag, maar toch minstens een keer per week. Net zomin als plastische chirurgie is het een wettelijke plicht, maar door de sociale druk voelt het wel zo aan. Want die zuipfestijnen gebeuren in het bijzijn van de bazen, sterker nog: vaak zijn het de bazen die het initiatief nemen. En wie niet meegaat, mag promotie wel op zijn buik schrijven. Alsof je een stevige drinker moet zijn om te bewijzen dat je ook een stevige werker bent.
Op voorhand vreesde ik dat dit weer zo'n verschijnsel was waar we misschien niet op zouden botsen, zoals de *matching couples*. Maar op een avond zat ik met gids Bright iets te eten, toen hij me zei: "Kijk eens hiernaast. Die zijn bezig met een hoesik." Hoe verleidelijk het ook was, we hadden op voorhand beslist om er niet in mee te gaan. Voor een authentiek, spontaan drinkgelag zijn we af en toe wel te vinden, maar dit wilden we in alle scherpte gadeslaan en filmen.

Toen we doorhadden dat we getuige waren van zo'n typisch Zuid-Koreaans 'werkdiner', waren de heren al behoorlijk in de wind en dat beterde er niet op. Rond halftien 's avonds was met die kerels al geen land meer te bezeilen. Daarbij viel het mij op dat vooral de leider van de groep – hun baas? – zich volledig liet gaan. "Zuid-Koreanen schatten hun werkprestaties belangrijker in dan hun gezin", lalde hij op een bepaald moment. "Denk niet aan jezelf, maar aan je land en aan het bedrijf waarvoor je werkt. Die mentaliteit is de motor van het wonder van de Han-rivier."
Het wonder van de Han-rivier is een metafoor voor de ongelooflijke economische opmars van Zuid-Korea in de tweede helft van de vorige

eeuw, naar de rivier die door Seoel stroomt. Dat dat wonder gepaard gaat met schrijnende toestanden zoals de hoesik, daar stelde deze werkgever zich blijkbaar geen vragen bij.
Dit kun je de Amerikanen niet langer verwijten. Akkoord, zij hebben het kapitalisme in Zuid-Korea geïntroduceerd, maar het zijn de Koreanen zelf die die levensstijl tot in het absurde hebben doorgetrokken, inclusief moordende competitiviteit. Het volstaat niet om zeventig uur per week te werken, ook van de decompressie achteraf willen ze een wedstrijd maken. Met als gevolg dat tientallen dronkaards in maatpak om vier of vijf uur 's ochtends door de straten van Seoel zwalpen of er zelfs hun roes uitslapen.

Die 'moordende' competitiviteit kun je trouwens letterlijk nemen. In Zuid-Korea plegen tweemaal zoveel mensen zelfmoord als in België, meer dan in om het even welk ander land van de OESO (Organisatie voor Economische Samenwerking en Ontwikkeling). Exemplarisch voor die alarmerende evolutie is het verhaal van Mapo Bridge in Seoel. Die brug wordt de *Bridge of Death* genoemd omdat het voor uitgebluste en depressieve Zuid-Koreanen de uitgelezen plek blijkt te zijn om er een einde aan te maken.
Een tweetal jaar geleden hebben de overheid en de Zuid-Koreaanse elektronicagigant Samsung de handen in elkaar geslagen voor een opvallende campagne. Op de Bridge of Death, die werd omgedoopt tot Bridge of Life, werd een bronzen standbeeld opgericht van een terneergeslagen jongeman die getroost wordt door zijn vriend – of is het zijn (groot)vader? Op de reling van de brug zijn foto's van baby's en Bond Zonder Naamachtige slogans gedrukt om wanhopige mensen op andere gedachten te brengen. En als zinnen zoals "Alle moeilijke periodes zijn er om overwonnen te worden" je geen hernieuwde levenslust geven, hangt er nog altijd een telefoon waarmee je naar een hulplijn kunt bellen. "Moeilijke periode? Wij luisteren naar je verhaal" staat erop geschreven.
De campagne is haar nobele doel echter voorbijgeschoten. Depressieve Zuid-Koreanen hebben door de toegenomen aandacht nog sneller de weg naar de Mapo Bridge gevonden, met als gevolg dat de zelfmoordcijfers volgens onze gids verzesvoudigd zijn.

Maar de Zuid-Koreanen zouden geen Zuid-Koreanen zijn als ze ook voor dit probleem geen hoogst originele remedie zouden bedenken: de

Happy Dying-therapie!
Tijdens deze enorm populaire therapie leef je toe naar je eigen begrafenis, inclusief kisting, waarna je hopelijk met hernieuwde levenslust de rest van je leven kunt aanvatten. Samsung verplicht geregeld een deel van zijn personeel om de therapie te volgen, dus wilde ik er zelf ook het fijne van weten. Ik ging dus naar mijn eigen begrafenis.

Aanvankelijk had ik het gevoel dat ik me had ingeschreven voor een grote, bedrieglijke opvoering. De leraar of monnik of goeroe – in elk geval: wat een creep! – vuurde eerst een ellenlange monoloog op me af waarin hij, volgens Bright, uiteenzette wat de zin van ons leven was. God weet waarom, maar hij staafde zijn traktaat met fragmenten uit onder meer *Forrest Gump*! Even was ik ervan overtuigd dat die kerel met onze edele delen aan het rammelen was.
Onder het voortdurende geratel van de printer die onze doodsprentjes aan het afdrukken was, moest ik een formulier invullen met vragen waarvan ik de relevantie met de beste wil van de wereld niet inzag.
Doodsoorzaak: hoe kan ik dat nu weten?
Grafschrift: "Even geduld a.u.b." Ja, op dat moment trok ik het hele gebeuren nog in het belachelijke. Op de vraag wie me in mijn leven het meest had ontgoocheld, antwoordde ik zelfs: "Pico van FC De Kampioenen". Het toppunt was dat die leraar me achteraf vroeg om dat antwoord toe te lichten. Probeer dan maar eens ernstig te antwoorden, zeker als je de cameraploeg bijna in hun broek ziet doen van het lachen. "Ja, die Pico heeft me toch serieus teleurgesteld!"
En het hield maar niet op. We moesten ook ons testament en een afscheidsbrief schrijven. Door de begeleidende muziek zat de helft van het lokaal toen al te snotteren. Maar ik vond het vooralsnog oersaai. Twee uur heeft die hele voorbereiding geduurd.
Maar daarna sloeg de sfeer wat om, zeker toen iedereen zijn brief moest voorlezen in een verduisterde zaal vol kaarsen. Daar werden tranen met tuiten gehuild. De sfeer balanceerde op het randje van *over the top*, maar plots begon ik het nut van de hele procedure in te zien. Ik kon me best inbeelden dat dat 'terugblikken op het eigen leven' voor veel mensen iets louterends had. Zo was er een jongen bij – een junk, zo leek het mij – die het spoor duidelijk bijster was. Maar ook een stel broers die net iets ergs achter de rug hadden, misschien het overlijden van hun ouders? Dus lang niet iedereen kwam daar vanwege de stress van de

ratrace. Afgaand op de brieven die ze voorlazen, hadden veel cursisten het gevoel dat ze tekortgeschoten hadden en was deze therapie een welgekomen bezinning. Voor mij werkte het niet echt therapeutisch, maar ik was dan ook niet echt op zoek naar licht aan het einde van de tunnel.

Voor het laatste deel van de therapie moesten we een gewaad aantrekken en met een kaars in de hand de tuin ingaan, waar onze kisten ons lagen op te wachten. Voor ik me neerlegde, sprak de goeroe nog enkele zweverige woorden, waarna hij vroeg: "Nergens spijt van? Dan verdwijnt u... nu. Het was een aangename kennismaking. Ik hoop dat u naar de hemel gaat. *Goodbye.*" De ernst waarmee die man dat deed, goed wetende dat ik over een halfuur weer springlevend uit mijn kist zou stappen... Er is een topacteur aan die man verloren gegaan.
Toen het deksel was dichtgeslagen, was het de bedoeling dat ik tot rust zou komen, maar eenvoudig was dat niet. Ik ben er namelijk nog steeds van overtuigd dat ik omgekeerd in die kist lag, met het smalste stuk rond mijn bovenlijf. Als ik diep inademde, vreesde ik dat het deksel zou losspringen, dus echt comfortabel was het niet. Maar toen de leraar en de cameraploeg zich eenmaal verwijderd hadden, werd het plots wel heel stil in die tuin. Ik verloor al snel elk besef van tijd en dat is toch een zeldzame gewaarwording. En ik maakte van die ervaring effectief gebruik om na te denken, vooral over wat ik anders zou willen doen in de toekomst. Maar of ik gelukkiger ben geworden door die bijnadoodervaring? Nee, daarvoor vond ik de hele *Happy Dying*-therapie toch te hard van de pot gerukt. *Vintage* Zuid-Korea dus.

Angstzweet

Voor elke aflevering schrijft het redactieteam een scenario uit waar we ons in het land in kwestie zo goed mogelijk aan proberen te houden. Geregeld bots ik daarin op de volgende zin: "Tom is bang." Daar moet ik altijd wat om lachen. Hoe kunnen zij nu voorspellen of ik bang ga zijn? En inderdaad: meestal moet ik hen er bij mijn thuiskomst op wijzen dat het zweet me amper is uitgebroken.
"Echt niet?" klinkt het dan. "Ben je helemaal niet bang geweest?"
Met het risico als een macho over te komen: ik word niet zo snel bang. Ja, aan dat ravijn in Colombia zat de schrik er wel even in, maar op zulke momenten heb ik de keuze: doe ik het of doe ik het niet? Dan gaat het erom hoeveel ik over heb voor een kick.
Echte angst daarentegen overvalt je, willens nillens, en dat is me tijdens de opnames een aantal keer overkomen.

KANTJE BOORD

Chris McCandless overleefde zijn avontuur in **Alaska** niet. Toen hij naar de bewoonde wereld wilde terugkeren, durfde hij het niet aan de wilde Teklanika-rivier over te steken, waardoor hij – verzwakt door een voedselvergiftiging – overleed in zijn bus. Wij, van onze kant, waren bijna niet eens tot bij de Magic Bus geraakt, eveneens door die vervloekte Teklanika. Het water stond te hoog en de stroming was te sterk. Maar in tegenstelling tot McCandless hadden wij wel een gids bij ons die het hoofd koel hield. Kevin stelde voor om even stroomopwaarts te wandelen tot we een plek vonden waar het water minder diep was en de stroming minder hevig.
Een logisch idee, wat het voor mij des te vreemder maakt dat McCandless meteen de moed opgaf bij het zien van het wilde water. Op dat cruciale moment werd hij in de steek gelaten door zijn instinct. Hij was wel zo slim om zich niet op de eerste de beste plaats aan een oversteek te wagen, in tegenstelling tot veel andere avonturiers, aldus Kevin. "Zij volgen het pad dat wij ook volgen en denken dat dit de enige plek is om over te steken. Waarop ze zich als lemmingen in de afgrond lijken te storten." Sommigen proberen een touw naar de overkant te spannen en langs dat touw door het water te waden, maar dat is niet zonder gevaar, zeker niet als je je eraan vastklikt. Want als je struikelt en onder water terechtkomt, dan word je meegesleurd door het water en is het

heel moeilijk je nog los te maken. Dat overkwam Claire Ackermann en haar vriend in 2010. Ze werden allebei onderuit getrokken door de stroming. De man kon zichzelf nog lossnijden, maar daarna duurde het even vooraleer hij de oever kon bereiken en teruglopen naar het touw. Toen hij er aankwam, bleek zijn vriendin al verdronken te zijn. Dat soort verhalen doet je natuurlijk beseffen dat je voor een heikele opdracht staat...

Een eind verderop vonden we een plek waar de stroming werd gebroken door zandbanken in het water, die als kleine eilandjes en rustpunten dienst konden doen. Ideaal voor een oversteek. Maar met al dat kostbaar materiaal bij de hand moesten we heel goed nadenken hoe we de hele operatie tot een goed einde konden brengen. Uiteindelijk zijn we eerst nog 1,5 kilometer verder stroomopwaarts gewandeld. Daar hebben we een kajak opgeblazen en zo goed als al ons materiaal waterdicht in achtergelaten. Vervolgens zijn we teruggekeerd naar onze ideale oversteekplaats, waar ieder van ons, elk om de beurt en beladen met hoogstens één rugzak, de overkant probeerde te bereiken.

Het bleek toch een bijzonder lastige opdracht te zijn. Met behulp van een extreme focus en twee wandelstokken probeerde ik te allen prijze te voorkomen dat ik zou uitglijden, want het water van de gletsjerrivier was ijskoud. Toen ik de andere oever bereikte, voelde ik me best opgelucht.

De stroming was trouwens nog altijd veel sterker dan we vermoed hadden, zeker in het allerlaatste stukje. Ikzelf had al alle moeite om me staande te houden, maar cameraman Nico is kleiner dan ik en kreeg het stromende water dus vol op zijn buik. Op een meter van de oever – verloor hij misschien even zijn concentratie? – verloor hij de controle en ging hij ei zo na onderuit. Als ik hem toen in een reflex niet had vastgegrepen, was hij zeker meegesleurd door de rivier. En zelfs een uitstekende zwemmer zou op die plek ernstig in de problemen komen. Zonder twijfel was het een van de meest hachelijke momenten die we als crew beleefd hebben.

Toen iedereen veilig de overkant had bereikt, is Kevin naar onze kajak gewandeld en tot bij ons gevaren, waar wij hem aan de kant hebben getrokken met een touw. En dat heeft hij toch een vier- of vijftal keer moeten herhalen, tot we al ons materiaal hadden. Een uitmuntende gids, die Kevin.

GELUKKIG GEEN AMERIKAAN

Toen we naar **Iran** reisden, deelde de lichtjes geschifte president Mahmoud Ahmadinejad er nog de lakens uit, de man die er niet voor terugdeinsde om de Verenigde Staten en Israël uit te dagen. Zijn vijandige houding tegenover het Westen sloeg trouwens geregeld over op de bevolking, tenminste als we de beelden moesten geloven die we met de regelmaat van de klok in het journaal te zien kregen. Krijsende betogers die Amerikaanse vlaggen in brand staken, dat was de perceptie die de westerse media creëerden over Iran. En dus vertrok ik met een klein hartje.
Maar eenmaal ter plaatse had ik al snel door dat Iran anders was en is dan het beeld dat velen onder ons ervan hebben. Qua vrouwenrechten en democratie was er op dat moment nog veel vooruitgang te boeken, maar ik voelde me als westerling absoluut niet geviseerd. Ja, overal waar ik kwam werd ik voortdurend aangeklampt, maar dan vooral door Iraniërs die me smeekten om een correct beeld van hun land te scheppen.
"Laat alstublieft zien hoe mooi Iran is!"
"Wij zijn geen terroristen, wij zijn vriendelijke mensen!"
Enzovoort.

Ik was benieuwd of de sfeer ook zo gemoedelijk zou blijven op de nationale feestdag, de jaarlijkse herdenking van de revolutie in 1979. Alle Iraniërs krijgen die dag (verplicht) vrijaf en toen wij er waren, werd iedereen verwacht op het Vrijheidsplein voor een speech van president Ahmadinejad. Als buitenlanders kregen we van het ministerie van Cultuur speciale badges, alsof die bescherming moesten bieden tegen antiwesterse herrieschoppers.
Onderweg naar het plein werden we al snel opgeslorpt door een massale volkstoeloop. Naar verluidt waren een miljoen Iraniërs op de afspraak. Hoewel er meteen slogans als "Dood aan de USA" werden gescandeerd, werden we vooral aangesproken door oprecht nieuwsgierige mensen, die wilden weten wat we daar deden. Als ik daar voor de grap had gezegd dat ik een Amerikaan was, dan had ik me dat wellicht beklaagd, maar het woord *Belgique* bleek onschadelijk te zijn.
Op een gegeven moment troonde gids Mahmood me tot bij een zekere dokter Hassan Rohani, die zich kandidaat zou stellen voor de presidentsverkiezingen een half jaar later. In eerste instantie had ik eerlijk

gezegd weinig zin om die man te spreken. Wat kon mij een Iraanse politicus schelen! Ook dokter Rohani legde mij uit dat het Westen een verkeerd beeld had van Iran en dat de Iraanse bevolking zich inzette voor haar idealen. Spectaculair waren zijn woorden dus niet.
Maanden later, toen op televisie de nieuwe Iraanse president verscheen, belde ik meteen de redactie op: "Check die beelden uit Iran nog eens. Volgens mij was dat die kerel die wij hebben gesproken!" En inderdaad, Hassan Rohani was president geworden. Hadden wij tijdens ons bezoek beseft hoe uniek die ontmoeting was, dan had ik een veel langere babbel proberen te slaan. Rudi Vranckx moet voor een interview met Rohani misschien maanden onderhandelen, maar wij liepen die man gewoon tegen het lijf en konden hem al bij al opvallend gemakkelijk benaderen.

Intussen weerklonk door de luidsprekers de ophitsende toespraak van toenmalig president Ahmadinejad. De speech stond bol van de patriottische waanzin: "We stoppen niet met ons nucleaire programma! We hebben geen last van de internationale sancties! We moeten ons verzetten tegen de westerse complotten en de realisaties van de revolutie beschermen!"
Zijn opruiende woorden misten hun effect niet. Plots sloeg de sfeer onder de massa om en kreeg ik de taferelen te zien die ik al kende van tv: Amerikaanse en Israëlische vlaggen werden verbrand, alsook de logo's van Facebook, Twitter, de BBC... En net toen we omringd werden door rumoer en chaos was gids Mahmood plots nergens meer te bekennen. Toen zat de schrik er echt in bij mij. Er was niet veel nodig om de situatie in ons nadeel te doen kantelen. Als westerlingen konden we ons daar sowieso niet wegsteken en door die camera sprongen we nog meer in het oog.
Op zulke momenten ben ik heel blij dat ik op een heel ervaren crew kan rekenen. Cameraman Jef had al in oorlogsgebieden gewerkt en klankman Johan had al een en ander meegemaakt in Afrika. Terwijl regisseur Gijs op zoek ging naar Mahmood en Jef zo veel mogelijk probeerde te filmen, hielden Johan en ik angstvallig onze directe omgeving in het oog: "Niet te veel naar rechts, jongens. Niet kijken, maar daar staat een hysterische man ons uit te schelden..."
Ja, tijdens die betoging waren we uitermate op onze qui-vive. Het was al bij al een claustrofobische situatie met een behoorlijk bedreigende sfeer. Ik werd nog steeds vastgeklampt door hartstochtelijke Iraniërs, maar

tot mijn opluchting hadden ook zij alleen maar positieve boodschappen voor mij in petto: "Wij hebben niets tegen westerlingen, alleen tegen hun leiders!" "Onze kernenergie is er voor vreedzame doeleinden, niet om oorlog te voeren."
Al bij al viel die nationale feestdag dus reuze mee. Ik kan dan ook met de hand op het hart zeggen dat ik banger naar Iran ben vertrokken dan ik ben teruggekeerd. Het bleef uiteindelijk bij die ene, zij het onvervalste paniekaanval.

Alhoewel... Er was in Iran nog een moment waarop ik doodsangsten heb uitgestaan.
Na alle straffe toeren die ik al heb uitgehaald, heeft mijn vrouw er intussen vertrouwen in dat ik genoeg gezond verstand heb om geen al te domme dingen te doen. En dat is ook zo: wij wegen bij elke activiteit af of het wel veilig en verantwoord is. Als we al risico's nemen, dan zijn die berekend. Van gevaar leek echter niet eens sprake toen iedereen van de crew argeloos achter op een brommer stapte voor een lift door Teheran...
Ik rijd zelf met de motor en ben me dus bewust van de mogelijke gevaren. Helaas kon dat niet worden gezegd van onze chauffeurs. Hoe zij zich door het drukke verkeer van Teheran slingerden, dat was belachelijk gevaarlijk. Ze wurmden zich door gaten waar ik me zelfs te voet niet tussen had gewaagd! Al na enkele seconden schoot door mijn hoofd: *What the fuck?* Als ik dit maar overleef! Toen Jef afstapte, was ook hij totaal van zijn melk: "Wat een mafkezen zijn dat?"
Dan besef je dat een ongeluk vaak in een klein hoekje zit. Ik had daar gemakkelijk overhoop gereden kunnen worden. Hoe ironisch zou dat niet geweest zijn? "Tom Waes, die zijn leven al waagde in de meest uiteenlopende proeven, komt om het leven op een snorfiets in Iran!" Anderzijds, dat kan in Antwerpen net zo goed gebeuren. Niet?

Ons lot lag tijdens de twee seizoenen *Reizen Waes* ook meermaals in handen van een piloot. En van de techniek. De vliegtuigen waar wij in hebben rondgevlogen! Het tweemotorige vliegtuigje dat op zijn staart was gekanteld in Paraguay leek de volgende dag als bij wonder startensklaar. Wat had de piloot gedaan? Met Duct Tape alle stukken rechtgetrokken en vastgeplakt. Die bushpilots zijn natuurlijk een en ander gewoon, maar je moet er toch maar vertrouwen in hebben. Ik maakte

me nog meer zorgen toen we na ons bezoek aan de Moonsekte de motor niet aan de praat kregen. Na vier uur doe-het-zelven had de piloot het euvel naar eigen zeggen verholpen, maar het gepruttel van de motor klonk niet bijster geruststellend. We waren pas gerust toen we veilig en wel op onze bestemming geland waren.
Datzelfde gevoel hadden we in Noord-Korea, waar aftandse Tupolevs worden gebruikt, in Vanuatu, waar de deur van een van de vliegtuigjes maar half vasthing, en zeker ook in Zuid-Soedan, waar zelfs met afgekeurde afdankertjes uit Europa werd rondgevlogen!

ANARCHIE!

Los van die bedenkelijke vliegervaringen heb ik me in **Zuid-Soedan** trouwens veel en veel onveiliger gevoeld dan in Iran. De achterdocht hing er constant in de lucht. Niet onlogisch, want de oorlog was er nog maar pas beëindigd. Na die oorlog hadden de rebellenleiders de militaire topfunctie gekregen die hen was beloofd ingeval van een overwinning, en je voelde ergens dat er niet veel nodig zou zijn vooraleer die nieuwe 'leiders' hun macht opnieuw zouden misbruiken. Dat er niet veel nodig was om het vuur weer aan de lont te steken, bleek een half jaar na ons bezoek, toen Bor opnieuw met de grond werd gelijkgemaakt, met duizenden doden als gevolg.

Het duurde niet lang vooraleer wij die willekeur aan den lijve ondervonden. We waren nog maar pas hoofdstad Djoeba aan het verkennen of de ordediensten hielden ons tegen omdat we het presidentiële paleis aan het filmen waren. In plaats van ons een waarschuwing te geven, zoals meestal het geval is in zulke situaties, werd ik prompt meegenomen voor verhoor. Op dat moment deed ik daar nog lacherig over en dacht ik zelfs dat het misschien grappige televisie zou opleveren. Maar het lachen is me snel vergaan.
Ik werd meegenomen naar een of ander hok in de krochten van het paleis, waar ik op een stoel werd gezet. Een halfuur lang werd ik op amper 10 centimeter afstand uitgekafferd door een pikzwarte Soedanees met van die bloeddoorlopen knikkers van ogen. In Zuid-Soedan zijn we met verschillende stammen in contact gekomen, en ik kan er niets aan doen, maar de stam waartoe deze schreeuwlelijk behoorde

boezemde me de meeste angst in. Ik had de pech dat het vooral die Soedanezen waren die het in en rond het paleis voor het zeggen hadden. Mijn 'ondervrager' werd al snel bijgestaan door enkele kompanen die het eveneens op een brullen zetten. Op een bepaald moment begonnen ze onderling te discussiëren, dan lieten ze me weer even alleen, en ondertussen zat ik me af te vragen hoe deze situatie in godsnaam zou aflopen. Het duurde me te lang, in die mate dat ik er echt rekening mee begon te houden dat ik vroeg of laat op mijn bakkes zou krijgen van een van die opgefokte soldaten. Of misschien zouden ze me uren- of dagenlang vasthouden? Dat had perfect gekund als ze dat hadden gewild, want er heerste duidelijk wetteloosheid. Wie zou hen daarvoor tot de orde roepen?
Tot overmaat van ramp ontdekten de heren plots dat er een microfoon op mijn borst plakte. Die werkte natuurlijk niet meer, want mijn klankman was allang buiten bereik. Maar die Soedanezen werden natuurlijk nog wantrouwiger en begonnen me te verdenken van spionage in opdracht van het noorden. *"Are you a spy?!"* schreeuwden ze me toe. Toen werd het me echt heet onder de voeten.

Gelukkig verlieten de bullebakken op een bepaald moment de ruimte. Even later kwam een iets verfijnder type binnen, voor de verandering in een kostuum dat wel degelijk paste. Die man zag er op de een of andere manier intelligenter, of toch zeker redelijker uit. In zijn witte ogen, niet zo bloeddoorlopen als die van de anderen, stond niet diezelfde razernij. Iemand van een andere stam dus, dat verschil was heel duidelijk te zien. Hoe dan ook, die man vroeg me beheerst wat het probleem was, waarop ik hem eerlijk de situatie heb uitgelegd. Hij blies eens luid, om duidelijk te maken dat hij geen zin had in te veel heisa. Hij deed een deur open en zei: "Komaan, maak dat je wegkomt." En daarmee was ik weer op vrije voeten, ongelooflijk opgelucht. Dit was de laatste plek op aarde waar ik in de gevangenis wilde belanden, zelfs niet voor even. Nee, deze heikele situatie was niet voor herhaling vatbaar.

Helaas, enkele dagen later kropen we met de crew opnieuw door het oog van de naald. Onderweg naar ons hotel kwamen we een marktje voorbij, waar we zonder enige reden – tenzij de aanwezigheid van onze camera – werden aangevallen door een agressieve herrieschopper. Ik had meteen door dat die kerel niet voor rede vatbaar was, en inderdaad,

het duurde niet lang of hij probeerde ons materiaal te vernielen. In normale omstandigheden was ik of iemand anders van de crew hem zeker te lijf gegaan, maar geloof me: als enige vier blanken op een markt met duizenden Soedanezen wil je de zaken niet op de spits drijven. Nu hadden we wel het geluk dat ook enkele lokale mensen zich tegen die agressieve zot keerden – hij had blijkbaar een zekere reputatie – maar toch… Een groot deel van de omstanders had de voorbije decennia niets anders dan geweld gekend, sommigen hadden als kindsoldaat zelfs geleerd om bij de minste ruzie iemand omver te knallen. Niet verwonderlijk dus dat ik daar vooral zo snel mogelijk weg wilde.
De crew bleef op onze aanvaller inpraten, maar dat bracht geen zoden aan de dijk. Dus glipte ik er even tussenuit om hulp te zoeken. Eerst klampte ik een politieagent aan, maar die reageerde bijzonder rustig, te rustig naar mijn zin. Dus hield ik een taxi tegen. Normaal gezien vertrokken de taxi's daar pas als ze helemaal vol zaten, kwestie van hun rit rendabel te maken. Maar die wachttijden konden oplopen tot een uur en zo veel tijd had ik niet, dus heb ik de eerste de beste taxichauffeur meteen de volle pot betaald en zo ongeveer bevolen om naar de plek van het opstootje te rijden. Gelukkig werkte de man mee. Zodra we ter plaatse waren, gooiden we de deuren open, zodat de andere crewleden er vliegensvlug in konden springen en we meteen konden wegrijden.

Misschien was ik nóg banger tijdens onze rit van Djoeba naar Bor, toen nog in de veronderstelling dat we vandaar verder zouden rijden naar Boma National Park.
Omdat in de regio rond Boma nog etnische milities actief waren, moesten we via de Eastern Equatoria-weg en de stad Bor naar het park reizen. Een hele omweg, maar het was voor onze veiligheid, zo luidde de uitleg die we van gids David kregen.
Maar ik heb me nog maar zelden zo onveilig gevoeld als tijdens die 200 kilometer lange rit naar Bor, die ik als chauffeur voor mijn rekening nam. Niet zozeer door de militaire controleposten die ons om de zoveel tijd tegenhielden, want hoewel daar ook enige dreiging van uitging, waren zij er vooral om ons te beschermen. De ware stress stak de kop op tijdens de tussenstukken.
Plots dook uit de berm een troep gewapende Afrikanen op en schreeuwde David me toe: "Niet vertragen! Gas geven!" Ik wist niet goed wat me

overkwam, maar ik heb zijn advies zonder verpinken opgevolgd. Wat de o zo betrouwbare David blijkbaar had nagelaten te vertellen, was dat ook de weg naar Bor nog geregeld geteisterd werd door rebellen. Sterker nog: vier dagen eerder waren in dat gebied nog vier westerlingen omgebracht! Razend waren we op David, want we hadden evengoed naar Bor kunnen vliegen. Maar dat waren zorgen voor later. Nu moesten we de afstand nog overbruggen en de schrik zat er goed in. Ik heb voor de rest van de rit plankgas gegeven, en dat op een vreselijk slechte, niet geasfalteerde weg. Zelfs Jef, onze cameraman met oorlogservaring, is toen de hele tijd wakker gebleven. Normaal doet de crew op dat soort overgangsritten een dutje, maar daar was in deze opgefokte omstandigheden geen sprake van.

Op de koop toe kregen we in Bor te horen dat we toch niet verder mochten rijden naar Boma National Park, wegens te gevaarlijk. De hele rit was dus overbodig geweest, al beleefden we in Bor wel een onvergetelijke avond met de familie van voormalig kindsoldaat Daniel.

Er zat niets anders op dan terug te keren naar de hoofdstad, maar niemand van ons wilde die beproeving nog eens doorstaan. Dus hebben we naar Brussel gebeld, met de vraag of er budget was om het vliegtuig te nemen richting Djoeba. Gelukkig zag producer Bart de ernst van de situatie in. Veiligheid boven alles, zeker in een totaal onvoorspelbaar kruitvat als Zuid-Soedan.

HANDEN OMHOOG!

In Zuid-Soedan ben ik nooit beschoten, maar dat gebeurde wel in **Colombia**.

Op zich is dat niet verwonderlijk, we bezochten het Zuid-Amerikaanse land immers om na te gaan of het zijn gewelddadige imago effectief van zich had afgeschud. De conclusie van ons onderzoek was dubbel. We zagen in hoofdstad Bogota opvallend veel blauw op straat, terwijl het militaire vertoon in de jungle rond La Macarena best veel indruk maakte. De ironie wil doorgaans dat het onveiligheidsgevoel daardoor toeneemt. Zelf had ik ook eerst het gevoel dat al dat spierballengerol wat overbodig was, maar tegelijk komt het misschien net door dat machtsvertoon dat burgers en toeristen tegenwoordig onbevreesd door de stad kunnen kuieren?

Het FARC-gebied laat je voor de zekerheid het best nog even links liggen. En er zijn wijken waar je je niet zonder politie-escorte mag vertonen. Sterker nog: in sommige *barrios* durft de politie zich zelfs niet te vertonen. Maar zolang je uit die zones wegblijft, denk ik dat je als toerist in Colombia niet echt gevaar loopt.
En toch is het het enige land waar ik ben beschoten.

Wie de aflevering gezien heeft, weet natuurlijk allang waarover ik het heb. In Bogota – ook niet toevallig – bezocht ik een fabriek waar kogelvrije kleding wordt vervaardigd. Geen kogelvrije vesten voor de politie en het leger, maar normale, modieus ogende hemden en jassen. De directeur meldde ons trots dat verschillende Latijns-Amerikaanse presidenten tot zijn klantenbestand behoorden. Alsook ene Steven Seagal. De arme man voelt zich blijkbaar niet meer op zijn gemak na de acteerprestaties die hij op de mensheid heeft losgelaten…
Die directeur was van het mediageile type. Hij had duidelijk al meer nieuwsgierigen zoals ik over de vloer gekregen, maar daar had de redactie me vooraf op gewezen. De bedoeling was dat ik zo'n jasje zou uitproberen en dus had de redactie op YouTube enkele filmpjes van zulke tests gezien, de meeste in diezelfde fabriek. Op basis daarvan werd mij verzekerd dat het volstrekt veilig was. Al vond ik toch dat die ene Franse journalist nogal ver achteruitvloog door de impact van de kogel. "Dat kwam door zijn houding en zijn ademhaling", suste de directeur me.
Eigenlijk had ik ook hier de keuze, net zoals bij die potentieel halsbrekende deathride enkele dagen eerder: doe ik het of doe ik het niet? Is dit de moeite waard? En ook nu moest ik vertrouwen hebben in het materiaal en mijn angst overwinnen. Maar toen was het een kwestie van de knop omdraaien, springen en een kick ervaren, nu zou ik beschoten worden vanaf 10 centimeter! Veel kick valt daar niet aan te beleven. Bovendien duurde de hele voorbereiding te lang om zomaar eventjes de knop om te draaien. En zo blijft de twijfel in je hoofd spoken.
Eerst moest ik een formulier ondertekenen waarin ik de verantwoordelijkheid op mij nam: het risico was volledig voor mijn rekening, de fabriek zou niets te verwijten zijn. Hielden ze daar dan rekening mee? Vervolgens mocht ik zelf een kogel uitkiezen. Sowieso een wat bizarre ervaring, maar alweer had ik het gevoel dat dat diende om de fabriek uit de wind te zetten. Als er iets mis zou blijken te zijn met die kogel,

waardoor hij bijvoorbeeld zou versplinteren, dan was ook dat mijn eigen 'schuld'.
Alsof alles nog niet lang genoeg duurde, vertraagden de camera's de hele procedure nog eens: "Wacht even, nu nemen we nog een ruimer shot" of "Kun je dat nog eens opnieuw doen?" Terwijl ik de hele opvoering het liefst zo snel mogelijk achter de rug had.
En vlak voor het moment suprême vertelde de directeur me dat er een ziekenhuis in de buurt was, voor het geval er toch nog iets zou fout lopen. Een geruststellende gedachte vond ik dat niet.
Onversneden angst was het niet, maar ik kan niet ontkennen dat het zweet me uitbrak in die luttele seconden voor het schot. Die man richtte zijn blaffer op 10 centimeter van mijn buik! Ik dacht opnieuw aan die Franse journalist... Sterven zou ik waarschijnlijk niet, maar ik bereidde me wel voor op een stevige impact en pijn.
"*Uno.*"
Diep inademen en buikspieren opspannen.
"*Dos.*"
PANG!
Ik moet zeggen: slim gedaan van die directeur, om al op 'twee' te schieten. Ik kan me voorstellen dat de spanning op je buik bij 'drie' – door de stress – niet optimaal is. Nu voelde ik haast niets. Alsof iemand met zijn vinger op mijn buik had getikt.
De kogel daarentegen had minder geluk. Die was rijp voor de smelterij.

LICHTE PANIEK

Tot slot wat lichtere kost, maar niettemin een bron van stress, waren de avonturen met onze tweedehands Mercedes in **Albanië**.
We hadden evengoed een auto kunnen huren, maar Albanië staat bekend als het mekka van de louche autohandelaars, en ik wilde weten of dat imago terecht was. Dus moest en zou ik een auto kopen en zien tot hoever ik kon afpingelen. Dat viel tegen, de Albanees tegenover me was duidelijk meer bedreven in het marchanderen. Uiteindelijk kocht ik de Mercedes voor 3500 euro, slechts 100 euro minder dan de oorspronkelijke vraagprijs.
Al snel hadden we door dat niet het hele interieur even stevig in elkaar stak, maar de auto reed, en dat was het belangrijkste. Tijdens onze

roadtrip groeide de Mercedes echter uit tot een apart personage. En ik moet toegeven, we hebben hem niet meteen met liefde behandeld. Na de eerder toeristische trip langs de westkust, wilde ik op de tocht van zuid naar noord het échte Albanië proeven. In plaats van de belangrijkste autowegen te volgen, wilde ik het binnenland in, weg van de platgetreden paden.
Die platgetreden paden bleken echter plots onverhard te zijn. Van de ene op de andere meter stopte het asfalt en moesten we onze weg vervolgen op een weggetje vol stenen, van kleine keitjes tot rotsblokken die je maar beter kon omzeilen. Eigenlijk is het amper voor te stellen dat dit de enige wegen zijn waarmee je het binnenland kunt bereiken. In Europa verwacht je zoiets toch niet meer?

Zelden tart je het lot ongestraft, en dat gold ook voor deze onderneming. We reden amper op die onverharde weg of het was al zover: een lekke band! Gelukkig had ik me er voor de aankoop van vergewist dat er een reservewiel in de kofferbak lag. Geen reden tot paniek dus. Tot ik tot de constatatie kwam dat we geen krik noch een sleutel hadden om het wiel te vervangen! We waren er dus toch enigszins ingeluisd.
We hadden echt geen plan B. Een deel van de crew reed achter ons met een betrouwbare bestelwagen, maar daar pasten we onmogelijk allemaal in. Bovendien konden we het toch niet maken om onze teergeliefde Mercedes zomaar achter te laten? Na enig overleg heb ik de knoop doorgehakt. "We rijden zo ver mogelijk verder met die lekke band en we zien wel waar het schip strandt. We lossen dat probleem wel op als het zich voordoet." Onderweg had ik een busje over de snelweg zien denderen op drie intacte wielen en een velg! Als die Albanezen dat kunnen, waarom wij dan niet?, dacht ik.
Ergens zagen we wel de humor van de situatie in en beseften we dat dit misschien wel grappige televisie kon opleveren. Maar op een bepaald moment besefte ik welk risico we namen. "Als we plots echt niet meer voort kunnen, hebben we eigenlijk écht een probleem", zei ik tegen cameraman Nico. We bevonden ons immers *in the middle of nowhere*, en onze gsm's hadden geen bereik. Enige paniek maakte zich van mij meester. Het dreigde een erg stresserende rit te worden. Zeker als er ook iets met onze volgwagen zou gebeuren. Niemand van ons had zin om hier urenlang op toevallige hulp te wachten of om God weet hoelang naar een volgend dorp te wandelen.

Gelukkig daagden niet veel verder twee houthakkers op uit het bos. Die vertelden ons dat er 20 kilometer verderop een dorpje lag. Dat stelde ons enigszins gerust, maar wat die vriendelijke heerschappen er niet bij verteld hadden, was dat die 20 kilometer integraal op diezelfde onverharde weg vol stenen en putten moest worden afgelegd. Met 5 kilometer per uur vervolgden we onze weg.

Echt gevaarlijk kun je deze roadtrip niet noemen, maar als er iets zou misgaan, dan stonden er ons sowieso een aantal onaangename uren te wachten. Bovendien kwam onze planning serieus onder druk te staan, en dat is nooit leuk. De opluchting was dan ook groot toen we eindelijk, na een halve dag 'rijden', het dorpje in kwestie voor ons zagen liggen. En dat we uitgerekend met een aftandse Mercedes reden, kwam ons zelfs goed uit. Want een van de eerste huizen die we tegenkwamen, bleek een Mercedes-garage te zijn die over het juiste materiaal beschikte. Typisch Albanië!
We moesten niet eens zelf de handen uit de mouwen steken. Alsof een of andere uitkijkpost rooksignalen had verspreid om onze komst aan te kondigen, schoten van alle kanten dorpelingen te hulp. Ze haalden het materiaal uit onze handen, vervingen het wiel en keerden daarna meteen terug naar hun huizen.
Zoiets is in Antwerpen toch ondenkbaar? Als je hier een lekke band krijgt, word je voorbij gesjeesd door vijfhonderd andere automobilisten. Natuurlijk begrijpen de mensen in dat Albanese dorpje dat je daar geen wegenhulp kunt bellen, maar het is volgens mij toch een kwestie van mentaliteit. Ik durf te zeggen dat ik ook zo ingesteld ben. Als ik in de gietende regen iemand zie klooien met autopech, dan stop ik negen van de tien keer om te vragen of ik kan helpen. Dat meen ik echt. Wel, de keren dat wij met *Reizen Waes* geholpen zijn door wildvreemde mensen, die zijn niet op twee handen te tellen. Ook dat maakt reizen vaak nog veel aangenamer.
Maar goed, de moraal van het verhaal is vooral: alles komt altijd goed!

Goed fout

Af en toe kwam ik de voorbije jaren op plaatsen terecht waarvan ik dacht: Is het wel oké dat ik hier ben? De niet altijd even fraaie geschiedenis die op die plekken nog in de lucht hing, bezorgde me soms rillingen, maar ik kan niet ontkennen dat ik er ook enige opwinding voelde. De ethische grens van de sensatiezucht hebben we nooit overschreden, althans dat hoop ik. Het was eerder een soort journalistieke nieuwsgierigheid die ons prikkelde. Zo kwamen we op plaatsen waar weinig doorsneetoeristen terechtkomen, maar die wel bol staan van de verhalen en tot nadenken stemmen.

'EIGEN KWEEK' IN ALBANIË

Eén keer was die geschiedenis wel héél recent. Tijdens onze roadtrip door **Albanië** was het sowieso de bedoeling om Lazarat te bezoeken. In 2012 waren twee Nederlandse jongeren per toeval met hun snorfiets in dat dorp terechtgekomen en ze ontdekten dat de lokale boeren er massaal en ongestoord cannabis verbouwden, tot 900 ton per jaar. Het hele dorp en de omliggende heuvels stonden vol weedplanten. De jongens brachten er verslag van uit op YouTube, met alle gevolgen van dien. Albanië zou maar wat graag tot de Europese Unie toetreden, maar het land kreeg blijkbaar te horen dat daar pas sprake van kan zijn als enkele hardnekkige problemen zouden worden aangepakt. Een van die problemen was Lazarat. Al die marihuana wordt immers niet alleen door Albanezen opgerookt, maar geëxporteerd naar de rest van Europa. En dus besloot de politie, die de voorbije twee decennia de andere kant had opgekeken, een groots opgezette razzia op het drugsdorp uit te voeren. Na een korte maar hevige oorlog namen de ordediensten de controle over Lazarat over. Wie niet had kunnen vluchten, was gearresteerd. En dat enkele dagen voor ons geplande bezoek.

Met de hulp van Jimmy waren we er waarschijnlijk in geslaagd om met een van de drugskwekers of een dagarbeider uit een naburig dorp te praten. Wie weet had die ons het dorp wel kunnen binnenloodsen. Maar nadat we de beelden van de machtsovername op het nieuws hadden gezien, was Jimmy niet meer zo happig. Hij kende de belangen die in die regio op het spel stonden: een omzet van 4 miljard dollar per jaar zouden de boeren niet zomaar uit hun handen laten glippen. De kans dat het tot een nieuwe confrontatie met de politie zou komen, was niet denkbeeldig. Ook onze hotelbazin in het zuidelijke stadje Sarandë raadde ons ten stelligste af om onze neus in dat wespennest te steken. Het laatste wat de politie nu zou willen, waren pottenkijkers van de media, waarschuwde ze ons.

Maar ik dreef mijn zin door. Misschien bood de aanwezigheid van de politie net een buitenkans om echt in het dorp binnen te dringen. Dat leek me logischer dan dat een cannabisboer zomaar een inkijk zou geven in zijn criminele praktijken. Wat we zeker niet mochten doen, was vooraf toestemming vragen of in de naburige dorpjes navraag beginnen te doen, want dan zouden de bewoners van Lazarat en de politie gealarmeerd kunnen worden en konden we het helemaal schudden. Dus reden we op goed geluk naar Lazarat. Het ergste wat ons kon gebeuren, was dat de politie ons aan de rand van het dorp zou tegenhouden.

Bij onze aankomst bleek Lazarat een volledig ommuurde vesting te zijn. Niet alleen het dorp in zijn geheel, maar ook elk perceel was hermetisch afgesloten door een stenen muur, iets wat ik nergens anders in Albanië had gezien. Jimmy bevestigde meteen wat ik hardop dacht: "Iedereen moet dit hebben geweten." Want als je zulke muren rond je domein zet, moet je wel iets te verbergen hebben.
Op het dorpsplein kregen we van de politiecommandant meteen de raad om op te krassen: "*No way* dat jullie hier mogen filmen." Maar toen we de camera's uitzetten, bleek er toch marge te zijn voor onderhandelingen. Toen wij vroegen hoe het dan kwam dat er zo veel beelden te zien waren geweest in het nieuws, bleek dat een cafébaas van twee dorpen verderop, een man die goed Engels sprak, alles met die nieuwsploegen geregeld had. Als we met hem zouden terugkomen, wilde de politie ons wel begeleiden.
De volgende dag keerden we naar Lazarat terug, met onze lokale gids. Hij was niet bang, in tegenstelling tot de overgebleven dorpsbewoners, die voor represailles vreesden. "Wij zijn hier zo lang geterroriseerd door Lazarat", zei hij. "Ze zijn hier nu eindelijk buiten, dat ze hier maar wegblijven." De omliggende dorpen mochten niet mee profiteren van de rijkdom, zoveel was duidelijk.

Ik moet toegeven dat de politiebescherming mij geruststelde. In die verlaten straatjes wilde ik echt niet op een achtergebleven gek botsen. Anderzijds: in België was het onmogelijk geweest om in dit dorp zomaar rond te neuzen. De grond lag niet alleen bezaaid met lege kogelhulzen – hier was enkele dagen eerder wel degelijk strijd geleverd – maar ook met resten marihuana. De meeste planten waren opgeruimd, maar erg zorgvuldig was de politie toch niet te werk gegaan. Zo ver het oog reikte, kon ik nog restanten van plantages zien. Als ik had gewild, had ik een halve kilo kunnen meenemen in mijn broekzak.
Onze cafébaas had de politie trouwens duidelijk in zijn binnenzak, want hij nam ons zonder aarzelen mee in de leegstaande huizen. Sommige daarvan waren omgebouwd tot regelrechte laboratoria, inclusief plastic zeilen en ventilatoren. Toen we een tegel opzijschoven, ontdekten we een kelder met een vloer vol gebruiksklare marihuana! Zelfs zonder die op te roken, leek ik wel te hallucineren! Ik kon mijn ogen niet geloven.

De dorpelingen die in Lazarat waren gebleven, wilden ons niet te woord staan. Niet verwonderlijk: tot enkele dagen eerder verdienden zij naar verluidt 1 miljoen dollar per gezin per jaar en nu waren ze alles kwijt. Eén oud vrouwtje wilde wel praten. Zij juichte de politierazzia toe en zwoer op Allah dat "ze zo zuiver was als het goud dat aan onze halzen ging". Het is niet mooi om te zeggen, maar ik wist echt niet of ik dit bejaarde vrouwtje op haar woord moest geloven. Als ze zelf al geen boter op haar hoofd had, dan moet ze het toch al die tijd geweten hebben en er ook van geprofiteerd hebben?

Dat een heel land of een hele cultuur zo corrupt is, dat kan ik nog ergens begrijpen. Maar hier ging het om een enkel dorp dat op eigen houtje voor miljoenen dollars drugs verhandelde. Natuurlijk wist het hele regime dat, en hoogstwaarschijnlijk incasseerde het zelfs een deel van de opbrengst, in ruil voor onschendbaarheid. Uiteindelijk volstond één korte belegering om een einde te maken aan het drugsdorp Lazarat, wat het alleen maar wraakroepender maakt dat de boeren zo lang hun gang konden gaan. Maar de druk van de Europese Unie werd te groot. En daarom betwijfel ik of het dorp ooit opnieuw zijn activiteiten zal kunnen opstarten. Temeer omdat de meeste drugsboeren achter de tralies zitten.

Ik vind het trouwens nog steeds moeilijk te geloven dat van heel deze historie amper iets is doorgesijpeld in de West-Europese media. Op de Albanese tv daarentegen kwam Lazarat enkele dagen na ons bezoek opnieuw in het nieuws: in de bergen rond het dorp waren nog enkele ezels 'gearresteerd' met zakken vol weed op hun rug. Echte ezels, welteverstaan.

VIVA LA VIOLENCIA!

In 2010 nam ik voor *Tomtesterom* deel aan de Chihuahua Express, een rally met klassieke auto's in het noorden van **Mexico**. 's Avonds mocht ik er de straat van het hotel niet oversteken om een restaurant te bezoeken. Leger en politie waren alomtegenwoordig. Anders dan in het geïsoleerde Albanese dorpje Lazarat was het hele noorden van Mexico jarenlang het decor van een bloedige oorlog tussen drugsbendes. Daar ging het om harddrugs en vielen er wel elke dag doden.
Omdat de misdaadcijfers de voorbije jaren waren gedaald, wilde ik de regio opnieuw bezoeken, dit keer om na te gaan of er sprake was van duurzame vrede en of het noorden van Mexico opnieuw toegankelijk was voor toeristen. We zouden van Durango via de Camino Real naar het grensstadje Juarez rijden, tot driemaal toe verkozen tot de dodelijkste stad ter wereld.

Onze eerste stop was het stadje Durango. Daar werden in 2011 veertien massagraven ontdekt, met in totaal 340 lichamen, meestal in de tuin van gewone huizen. De zogenaamde 'Killing Fields of Durango'. Net zoals in Lazarat wilde ik graag ter plaatse een kijkje nemen om te zien hoe de lokale bevolking met dat verleden omging. Maar bij de eerste woning (89 doden!) raadde de taxichauffeur me dat ten stelligste af. Er woonden nog te veel drugsdealers en de aanwezigheid van een televisieploeg zou alleen maar slapende honden wakker maken. Op de tweede plaats, midden in een woonwijk, stapte ik wel even uit, maar veel was er niet te zien. Maar het was net dat, de banaliteit van die omgeving, die ik zo confronterend vond. Hoe moet het zijn geweest om hier te wonen als in de tuin van de buren tientallen lijken worden gevonden? Ja, dit was een bijzonder foute en louche plek. En helemaal veilig voelde ik me niet. Op een gegeven moment kwamen politieagenten ons vragen wat we aan het doen waren. Ze stelden ons voor om vanaf dat moment in onze buurt te blijven, zij het buiten beeld. Best intimiderend.

Ook tijdens onze reis langs de Camino Real voelde ik dat de zogenaamde 'vrede' relatief was. De uitbaatster van een wegrestaurant bevestigde wat mijn gids/fixer Eduardo me ook al had verteld: "Blijf na tien uur 's avonds binnen en stop niet op plaatsen waar geen andere mensen in de buurt zijn."

Niet dat ik van plan was om die adviezen in de wind te slaan. Dat we voortdurend controleposten kruisten, zelfs op de zogenaamd 'veilige' hoofdweg, kon geen toeval zijn.

Maar in alle eerlijkheid: ik vond het veel angstaanjagender om oog in oog te staan met een jonge Zuid-Soedanees die zo stoned was als een garnaal, en die een kalasjnikov over zijn schouder droeg.

Achteraf vernam ik wel dat het niet de politie was die verantwoordelijk was voor de al bij al veilige situatie. De enige reden waarom er tijdens onze reis niet veel te merken was van het gevaar, was omdat één drugskartel de 'oorlog' had gewonnen en er dus een soort wapenstilstand heerste. De toestand kon elk moment omslaan.

Behalve de Killing Fields in Durango heb ik in Mexico dus amper 'foute' plaatsen bezocht. Wat me wel frappeerde, was de niet bepaald koosjere manier waarop de plaatselijke bevolking zelf met het geweld in hun streek omging. Ondanks hun waarschuwingen in verband met veiligheid, leken ze zelf de brutale moorden te verheerlijken. Of was dat niets anders dan een bizarre manier om met de spanning om te gaan?

Neem nu de industrie van de zogenaamde *narcocinema*. Wanneer er in Mexico een moord gebeurt, dan staat het relaas van de feiten 's anderendaags in geuren en kleuren in de krant. Op basis daarvan verschijnt enkele weken later al een film over de moord in kwestie. Goedkoop gemaakt en dus van schabouwelijke kwaliteit – geloof me, ik heb er zelf een gezien. Maar bij de *locals* gaat dit genre erin als zoete koek, en dat verontrust de autoriteiten, want deze films staan bol van het extreme geweld en hebben steevast de drugsdealer als grote held. Om het romantiseren van criminaliteit tegen te gaan, is het tegenwoordig verboden om narcocinema te produceren, maar in de straten van Chihuahua, waar in 2011 drie moorden per dag gebeurden, worden de oude titels wel nog openlijk verkocht in kraampjes.

Ook verboden zijn de *narcocorridos*, muziekgroepjes die in opdracht van dealers liedjes schrijven die hun daden verheerlijken. Het was niet gemakkelijk om een groep te vinden die ons voor de camera's te woord wilde staan, maar via zijn contacten in de regio heeft Eduardo toch enkele namen van bands gevonden, waarop redacteur Tomas (die Spaans spreekt) behoorlijk lang heeft rondgebeld vooraleer hij een welwillend gezelschap vond. De narcocorrido (*narco* = drugs en *corrido* = liedje) in kwestie wilde ons wel alleen ontvangen op hun repetitieplaats, weg van de openbaarheid.
Het bleek om muzikanten te gaan die vooral 'gewone' mariachimuziek maakten en speelden, maar af en toe een extra cent konden verdienen door het ego van een maffiabaas te strelen met een persoonlijk lied dat ze op zijn feestje kwamen opvoeren. Illegaal dus, maar volgens hen was het onmogelijk om zo'n verzoek te weigeren. "Anders worden we gedood of worden onze families bedreigd."
Sympathieke jongens waren het, want in een wip schreven ze een hoogst persoonlijk lied ter ere van mij: *"Dos kilos por favor, para Tom, El Gran Terror"*. Maar ik vond het toch een bedenkelijke bijverdienste, bijna even bedenkelijk als hun zangtalent. Kattenvals klonken deze heren!

Dan had ik veel meer sympathie voor de *lucha libre*, waarin gemaskerde mannen elkaar met heel veel show te lijf gaan in de ring. Anders dan die films en die liedjes, die het eergevoel en de drang om de meest meedogenloze te zijn alleen maar aanwakkerden, had ik het gevoel dat deze worstelwedstrijden vooral een uitlaatklep waren voor de bevolking zelf. Gewelddadig, dat wel, maar ergens ook ironisch, en vooral: puur entertainment, waarin de eeuwige strijd tussen goeien *(tecnicos)* en slechten *(rudos)* centraal staat. Ik lustte in elk geval wel pap van de overgave waarmee deze worstelaars/acteurs sport, theater en spektakel combineerden.
Mijn bewondering werd alleen maar groter toen ik backstage een praatje mocht slaan met de held van de avond. Een uitzonderlijk privilege, want het publiek wordt angstvallig bij de worstelaars weggehouden. Om hun anonimiteit in stand te houden, trekken ze hun masker aan als ze onderweg zijn naar de zaal en nemen ze het pas af als ze bijna thuis zijn. Alleen backstage laten ze soms hun ware gelaat zien, maar onder de worstelaars bestaat een soort omerta om elkaars identiteit niet te

onthullen. Zo houden ze samen het mysterie en de aantrekkingskracht van hun job in stand. Of beter: bijverdienste. Want zelfs La Mascara, dé held van de avond en van de regio, had naast zijn carrière als *luchador* nog een echte baan. Hij was tandarts. Bij elke wedstrijd zag deze aimabele en intelligente man patiënten in de zaal zitten.

GANGSTER OF ROBIN HOOD?

Als er één stad is die vereenzelvigd wordt met drugs – we blijven dus nog even in dezelfde sector – dan is het wel Medellín. Met dank aan ene Pablo Escobar, die zich dankzij zijn beruchte cocaïnekartel opwerkte tot de machtigste man van **Colombia** en een van de rijkste mensen ter wereld, of toch zeker de rijkste crimineel. Zijn vermogen werd rond 1990 geschat op 30 miljard dollar! Pablo Escobar wordt gelinkt aan minstens achtduizend moorden, waardoor Medellín jarenlang gold als een van de gevaarlijkste steden ter wereld, nog tot diep in de jaren 2000 zelfs. Nochtans stierf de drugsbaron al in 1993 – doodgeschoten door de politie na een zoekactie van vijftien maanden. Maar twintig jaar later waart zijn geest nog overal in de stad rond. En die geest wilden wij proberen te vatten.

We hebben Pablo's broer Roberto opgezocht, maar de man bleek half dement en blind te zijn, en vroeg bovendien 3000 dollar om gefilmd te worden. Als alternatief vonden we een gids die zo goed als gratis een tweedaagse 'Pablo Escobar Tourist Tour' aanbood die alle belangrijke plaatsen in het leven van de gangster aandeed: van zijn geboortehuis en zijn woonplaats, over de plaats waar hij gedood werd, tot aan zijn graf. Het idee lijkt luguber, en misschien zelfs ethisch op het randje, maar ten eerste gaat het niet om een rondrit met een bomvolle toeristenbus, maar om een ingetogen, persoonlijke begeleiding, zonder foute verheerlijking. En ten tweede vond ik een bezoek aan die plaatsen maatschappelijk relevant, want ze hielpen me inzicht te krijgen in hoe Escobar zijn stempel drukte op het leven in Medellín.

De bedoeling was dat Oscar, de gids, ons Escobars huis aan de buitenkant zou laten zien, maar tot zijn eigen verbazing mochten we binnen een kijkje nemen, iets wat blijkbaar alleen overdag wordt toegelaten, als

je op de 'juiste' bewaker botst tenminste. Het voelde een beetje alsof we een kraakpand betraden, maar dan wel in de vorm van een gigantische villa. Ongelooflijk dat een van 's werelds meest beruchte criminelen straffeloos in zo'n opzichtig huis in het midden van de stad kon wonen...
Na zijn dood hadden 'goudzoekers' de villa geplunderd en op sommige plaatsen zelfs vernield, op zoek naar restanten van zijn fortuin. Maar voor het overige was het huis, twintig jaar na zijn dood, nagenoeg intact gebleven. Het was niet tot de grond afgebroken om de herinnering aan dat bloedige verleden uit te wissen, maar het was evenmin gerenoveerd. Dat alleen al illustreerde voor mij wat voor een dubbele figuur hij was en nog steeds is voor de mensen van Medellín.
Behalve de omvang ervan was het een normaal huis, waar Escobar tijd doorbracht met zijn gezin. Ik moest pas huiveren toen Oscar me meenam naar de kelder. Daar bevond zich namelijk een kerker waar de drugsbaron eigenhandig mensen gevangenhield, folterde en vermoordde. Zelden bekroop me het vieze gevoel dat me in die kelder bekroop. Ik wilde liever niet weten wat op die plek, in hetzelfde huis waar zijn zoon en dochter speelden en sliepen, gebeurd was...

En toch is de waarheid complexer dan dat. In Medellín wonen nog steeds duizenden mensen die vergoelijken wat Pablo Escobar op zijn kerfstok heeft. De *King of Cocaine* had namelijk ook een andere kant. Een kant die zich bekommerde om de minder bedeelden in zijn geliefde stad en voor wie hij, op de plaats van een oude sloppenwijk, vijfhonderd eenvoudige, doch gerieflijke huisjes liet bouwen.
We wilden graag een bezoekje brengen aan die *barrio*, maar dat bleek niet zo eenvoudig. Aan de rand van de wijk werden we opgewacht door de politie. Het was meteen duidelijk dat het geen goed idee was om er met de auto naartoe te rijden, uit te stappen en aan een wandeling te beginnen. Onze gids moest eerst even onderhandelen in de wijk, vooraleer hij ons kon verzekeren dat het veilig was. Er bestaan ook Brusselse wijken waar je in de problemen kunt raken, zeker 's nachts en in je eentje. Maar dit was op klaarlichte dag en zelfs met onze gids erbij was ik er absoluut niet op mijn gemak: uiteindelijk hingen we volledig van hem en zijn connecties af. Dit was waarschijnlijk de gevaarlijkste plek die ik in Colombia heb bezocht.
We konden er wel praten met mensen die Pablo Escobar tot op heden

dankbaar waren voor wat hij voor hen had gedaan. Er hingen zelfs portretten van hem op, zoals van Jezus of de paus. "De regering keek niet naar ons om, we hadden water noch sanitair. Dankzij Escobar hebben we het nu redelijk goed." Dat was de teneur bij de inwoners van de barrio.

Voor hen was hij een soort Robin Hood, al hing er aan Escobars handen veel meer bloed, als je het mij vraagt. Zeker naar het einde toe. Zolang ze zich buiten de drugstrafiek hielden, hadden de gewone burgers weinig of geen last van zijn misdaden. Maar zodra iemand erin stapte, werd die in feite vogelvrij verklaard. Iedereen kende de risico's, dus kon het de buitenstaanders weinig schelen of er nu vijfhonderd of duizend criminelen werden vermoord. Maar toen Escobars rijk begon in te storten, probeerde hij krampachtig zijn macht te behouden en pleegde hij ook aanslagen op onschuldige doelwitten. Toen raakte zijn krediet snel op. Maar tot op vandaag zijn er dus Colombianen, zeker in Medellín, die de herinnering aan Pablo Escobar koesteren.

OP DE STOEL VAN STALIN

In **Abchazië** wandelde ik door de privévertrekken van een ander dubieus personage uit de wereldgeschiedenis. Op de oever van het prachtige Ritsa-meer, met besneeuwde bergtoppen op de achtergrond, bezocht ik namelijk het favoriete buitenverblijf van niemand minder dan Jozef Stalin, die in de eerste helft van de vorige eeuw met ijzeren hand regeerde over de Sovjet-Unie. Tijdens de zogenaamde 'Grote Zuivering' liet Stalin miljoenen mensen ombrengen of naar de goelagstrafkampen deporteren: politieke tegenstanders binnen en buiten zijn communistische partij, geestelijken, kunstenaars, maar ook gewone burgers.

Maar ook dictators hebben soms nood aan mentale rust, en die vond Stalin onder meer in zijn *datsja* in Abchazië. Omdat de bevolking er een enorme wrok koestert tegenover alles wat Russisch is, zijn in Abchazië alle Sovjetrelicten vernietigd of verwijderd. Maar blijkbaar voelden ze toch aan dat de datsja een stukje uniek erfgoed was. Normaal gezien wordt het buitenverblijf alleen gebruikt voor officiële staatsbezoeken. Wie het wil bezoeken, heeft daarvoor de toestemming nodig van de president. Dus schreef gids Angela hem op onze vraag een plechtige brief. Met succes, een exclusief bezoek werd voor ons geregeld.

Onder begeleiding van de hoogste verantwoordelijke mochten we het hele buitenverblijf bezichtigen. Het kind in mij, en zeker de geschiedenisliefhebber die ik ben, kwam er ogen te kort. Het hele gebouw lag er nog precies bij zoals de laatste keer dat Stalin hier verbleef. Niet zoals in het Rubenshuis, met afgespannen lintjes die je moet volgen, maar eerder alsof je met een teletijdmachine naar de jaren vijftig werd gekatapulteerd. Ik mocht op de stoel zitten waarop Stalin had gezeten tijdens vergaderingen van staatsbelang – tenminste, daar ga ik in al mijn opwinding van uit. Toen ik op zijn terras uitkeek over het Ritsa-meer, leek het zelfs alsof Stalin zelf elk moment naast me kon komen staan, met een sigaar in zijn mond en een glas wodka in zijn hand.
Die hele plek voelde bijzonder authentiek aan, zeker omdat er geen andere toeristen aanwezig waren. Hoogstwaarschijnlijk waren er zelfs amper toeristen die mij dit hadden voorgedaan.
Wat hielp, was de wetenschap dat in deze datsja geen atrociteiten gebeurd waren zoals in het huis van Pablo Escobar. En mocht ik al gehinderd zijn geweest door ethische bezwaren, dan werden die achteraf vakkundig doorgespoeld. Want tijdens het copieuze buffet dat ons in de tuin werd voorgeschoteld, bracht de verantwoordelijke de ene na de andere toost uit. Op de Abchaziërs, op de Belgen en op zowat alle gerechten die op de tafel stonden. Het is niet vaak gebeurd, maar de rest van de dag is er van werken niet veel meer in huis gekomen…

FOUT OORLOGSVERLEDEN

Zoals ik in het eerste hoofdstuk al vertelde, werden op het einde van de negentiende eeuw verschillende Duitse kolonies gesticht in **Paraguay**. Wij hielden halt in Hohenau, in het uiterste zuiden van het land, waar we verwelkomd werden met de woorden *"Fühl dich wie zu Hause"* ("Voel je hier thuis"). Erg moeilijk was dat niet, en al helemaal niet voor Duitse toeristen, want alle inwoners spraken er Duits, de huizen zagen er Duits uit en als middagmaal kregen we braadworst met rodekool en aardappelen voorgeschoteld. Allemaal heel onschuldig, want Hohenau werd al in 1900 gesticht door avontuurlijke kolonisten, lang voor het nazisme in het thuisland zijn intrede deed.
Toch waaiden de gevolgen van de Tweede Wereldoorlog ook naar

dit dorpje over, en wel in de persoon van Jozef Mengele, de beruchte nazidokter die in Auschwitz tal van gevangenen naar de gaskamers leidde en daarnaast onmenselijke en vaak dodelijke experimenten op weerloze slachtoffers uitvoerde. Tijdens ons bezoek aan Hohenau ontdekten we dat de zogenaamde 'engel des doods' in 1959 en 1960 in de buurt woonde, in een afgelegen huisje op enkele kilometers buiten het dorp.

Toen we aan het toegangshek van het huis stonden, kwam de politie toevallig voorbij en die merkte op: "Is dit nu echt wat jullie van ons land willen laten zien?" Blijkbaar voelden de Paraguayanen zelf dus wel wat schaamte over het feit dat Mengele er ongestoord kon wonen. Indertijd zal de autochtone bevolking wellicht niet op de hoogte zijn geweest van 's mans verleden, maar tijdens de oorlog dweepte ook Hohenau met de nazistische opmars van het vaderland. De lokale Duitsers wisten misschien niet precies wat hij had gedaan, maar ze wisten zonder twijfel dat het om een gevluchte nazi ging.

Het kostte wel wat overredingskracht om van de bewoner van het huis een toelating tot filmen los te krijgen. Zelf wilde hij niet in beeld komen, maar we mochten wel even rondneuzen. Ik vond het onvoorstelbaar dat Jozef Mengele, een van de meest gezochte oorlogsmisdadigers, op die plek kon wonen, onder zijn eigen naam nota bene! Paraguay mag dan een onbekend en geïsoleerd land zijn, en het huis in kwestie mag dan goed verscholen liggen, maar helemaal het einde van de wereld was het nu ook weer niet.

Dertig jaar lang werd Mengele gezocht door Simon Wiesenthal, die zelf de Holocaust overleefde en van de jacht op nazi's zijn levensmissie had gemaakt. Maar tevergeefs.

Eén keer kroop de sadistische dokter door het oog van de naald, meer bepaald toen hij in Hotel Tirol verbleef, in het naburige dorpje Capitán Miranda. In een van zijn boeken vertelt Wiesenthal dat de Israëlische geheime dienst Mossad Mengele had opgespoord en dat acht agenten het hotel waren binnengegaan. Ze wachtten er tot het laat genoeg was, zodat ze ongemerkt Mengeles kamer konden binnendringen en hem overmeesteren. Maar toen ze de deur openden, stonden de ramen open en wapperden de gordijnen in de wind. Mengele was gaan vliegen, richting Brazilië dit keer, waar hij in 1979 zou sterven. In vrijheid.

Mengele zou indertijd getipt zijn door de eigenaar van het hotel, de

Vlaming Armand Reynaers. Die is intussen overleden, maar zijn zoon is nog steeds eigenaar van Hotel Tirol. Toen wij er een nacht verbleven, probeerden we met die zoon over de dubieuze feiten te praten, maar zijn antwoorden waren heel ontwijkend. "Die meneer" – zo noemde hij hem – "heeft hier inderdaad eens overnacht, meer niet." Maar het volstaat om 'Hotel Tirol Paraguay' te googelen en je leest dat er veel meer aan de hand is geweest. Schaamde hij zich voor wat zijn vader had gedaan? Zo ja, waarom veranderde hij dan de naam van het hotel niet, om komaf te maken met dat verleden? Misschien omdat het verhaal van Mengele ook een aantrekkingspool is? Ik had dus een heel dubbel gevoel bij het hotel en zijn eigenaar. Anderzijds: je zult maar de zoon zijn van iemand die Mengele heeft helpen ontsnappen. Fouter kan moeilijk, denk ik. Als het Armand Reynaers zelf was geweest, dan had ik doorgevraagd, zoals een journalist dat zou doen. Maar die zoon had er uiteindelijk niets mee te maken.

Dat was precies het gevoel dat ik ook had bij de Vlamingen die me in het clubhuis van Capitán Miranda te woord stonden. De redactie drong erop aan dat ik hen uithoorde over het oorlogsverleden, maar dat voelde niet juist aan. Een van hen vertelde me wel dat zijn vader commandant van het Vlaamsch Nationaal Verbond (VNV) was geweest en na de oorlog zes jaar in de gevangenis had doorgebracht. Zulke mensen konden na hun vrijlating nergens meer terecht. Hun huizen waren in brand gestoken of besmeurd met hakenkruisen, hun familieleden hadden al tal van vernederingen moeten ondergaan. De draad oppikken in diezelfde gemeenschap was echt geen optie. De man die ik sprak was zestien jaar toen hij met zijn ouders België ontvluchtte en met enkele kisten de boot richting Zuid-Amerika nam, dus hij was zich heel bewust van hoe 'fout' zijn vader was geweest. "Maar", zo zei de man, "dat is nu het verleden. In het begin hebben we daar natuurlijk nog veel over gepraat, maar nu is dat allemaal te lang geleden."
Bijna de helft van de Vlamingen die in Capitán Miranda zijn komen wonen, waren wel degelijk beschuldigd van collaboratie, maar de huidige inwoners zijn hun kinderen en kleinkinderen. Ja, ze waren nog trots op hun Vlaamse afkomst, maar het is niet zo dat er swastika's of afbeeldingen van Hitler in dat clubhuis waren opgehangen. En de huidige politieke situatie in België volgden ze al helemaal niet meer, ze

wisten niet eens wie premier was.
Ik voelde wel dat sommigen nog worstelden met dat verleden, maar is het opportuun om hen daarmee te blijven confronteren? Ik ben tenslotte Maurice De Wilde niet. Die mensen hadden me met open armen ontvangen, dan was het ongepast geweest hen al te zeer te bruuskeren.

GENADELOZE GRENS

Goed of fout? Die vraag ging meermaals door mijn hoofd toen ik door **Noord- en Zuid-Korea** reisde. En zoals ik al aangaf, is de waarheid over beide Korea's niet zwart-wit. Wat ik wel weet, is dat de grens tussen beide landen 'goed fout' is. En ik kan het weten, want ik stond aan beide kanten van de kunstmatige scheidingslijn.

Die grens kwam er in 1953, toen de Koreaanse oorlog werd onderbroken door een wapenstilstand. Ik zeg 'onderbroken', omdat er tot op heden nog steeds sprake is van officiële vrede. De wapenstilstand had als gevolg dat vrijwel van de ene dag op de andere een 248 kilometer lange grens werd getrokken die Noord en Zuid van elkaar scheidde, met daartussen een Gedemilitariseerde Zone (DMZ), een niemandsland van 4 kilometer breed vol landmijnen. Tal van families werden door dit Koreaanse IJzeren Gordijn uit elkaar gerukt, ook al omdat naar schatting dertigduizend Noord-Koreanen naar het zuiden zijn kunnen vluchten, de meesten zonder een groot deel van hun familie. Maar de oorlog zelf is nooit beslecht, waardoor beide landen tot op vandaag met getrokken messen – of beter: geweren – tegenover elkaar staan.

Aan de Noord-Koreaanse kant, vlak bij Panmunjeom, brachten wij een bezoek aan de zogenaamde Joint Security Area, een gebied waar beide legers samen de veiligheid bewaken, zij het elk vanaf hun eigen kant.
Zodra we er aankwamen, werd ons duidelijk gemaakt dat de camera's moesten worden afgezet, tenzij we expliciet de toestemming kregen om te filmen. Wat we natuurlijk wel mochten laten zien, waren opnieuw de obligate 'historische plaatsen', waar een soldaat zijn uit het hoofd geleerde (of in het hoofd geramde) lesje voordroeg. In het zaaltje waar de Verenigde Staten en Noord-Korea tijdens de Koreaanse Oorlog onderhandelden, kregen we te horen dat het de Amerikanen waren

die Noord-Korea zijn binnengevallen. In het zaaltje waar de wapenstilstand werd getekend, klonk het zelfs nog dreigender: "Als de VS de les uit het verleden zou vergeten en Korea opnieuw zou provoceren, dan zullen hun militaire basissen op Hawaï en Guam, maar ook op het Amerikaanse continent volledig door ons worden vernietigd."

Aan de grens zelf werd me pas echt duidelijk welke absurde vormen de spanning tussen Noord en Zuid had aangenomen. Pal op de scheidingslijn liggen blauwe barakken die de Verenigde Naties er gebouwd hebben om onderhandelingen te voeren. Toen we ernaartoe wandelden, passeerden we op nauwelijks enkele meters van Zuid-Koreaanse soldaten die hun dagen slijten met het in de gaten houden van hun Noord-Koreaanse collega's. Enkele meters verderop, half verstopt achter de barakken, werden ze geruggensteund door Amerikaanse soldaten die met een spiegel de overkant bespiedden. En tegenover hen stonden natuurlijk de Noord-Koreaanse soldaten, de blik non-stop gericht op de zuidelijke vijand.
De spanning was er te snijden, maar wat ik voelde, was vooral opperste verbazing. Alsof wij in de Ardennen al zestig jaar recht in de ogen van de Duitsers stonden te kijken! Dat de Noord-Koreanen daar al die tijd in hun uniform de grens stonden te bewaken, dat verwonderde me intussen niet meer, maar dat ook de Amerikanen aan de overkant meespeelden in dat poppenspel, daar kon ik met mijn verstand niet bij. Het zijn zelfs de Amerikanen die de Zuid-Koreaanse poppetjes bedienen, want op militair vlak hebben zij het voor het zeggen in het zuiden.

De hele opvoering in de Joint Security Area is des te belachelijker omdat zowel de Noord- als de Zuid-Koreanen eigenlijk dromen van een hereniging. Als je aan een doorsnee-Noord-Koreaan zou vragen wat hij echt wil, dan is het dat het Koreaanse volk opnieuw één wordt, zodat er een einde komt aan de familietragedies die het gevolg zijn van die vreselijke grens. Zelfs voor de Grote Leiders is dat het ultieme doel, al willen zij na een eenmaking natuurlijk hun politieke filosofie overplanten op de rest van het land. Volgens hen is de splitsing vooral de schuld van de Amerikanen, waardoor de sfeer in Noord-Korea meer vijandelijkheid uitstraalt dan het volk in zich draagt.

In het zuiden is die sfeer toch iets vrediger, zoals wij aan den lijve

hebben ondervonden in het toepasselijk genaamde Peace Park. We bezochten er onder meer de Bridge of Freedom. Die brug werd in 1953 gebouwd om krijgsgevangenen uit te wisselen, maar zodra dat achter de rug was, werd de brug aan weerszijden gebombardeerd, waardoor het einde van de brug ook effectief het einde van Zuid-Korea betekent. Op die plek hangen Noord-Koreaanse vluchtelingen en Zuid-Koreanen met familie aan de andere kant dagelijks lintjes, bloemen, brieven en foto's van vermiste verwanten op. Anders dan in het noorden, waar iedereen in staat van paraatheid lijkt voor een nieuwe oorlog, is de hunkering naar een hereniging veel voelbaarder in het zuiden. Zeker bij de oudere Zuid-Koreanen. Een oorlogsveteraan, die tijdens ons bezoek een militaire herdenking bijwoonde in het Peace Park, had lijf aan lijf, met bajonetten, gevochten tijdens de Koreaanse Oorlog, maar de haat die hij koesterde was alleen gericht op de Grote Leiders, niet op het Noord-Koreaanse volk, dat hij als het zijne beschouwde.
De jongere Zuid-Koreanen daarentegen hebben dat verleden niet bewust meegemaakt en worden volledig opgeslorpt door hun jachtige leven in de stad. Ook dat is een verschil met de DPRK, waar ook de jongeren worden gebrainwasht.
Waar ik me in dat Peace Park wel wat aan stoorde, was de aanwezigheid van een kinderpretpark met attracties en hotdogkramen. De Amerikaanse invloed was niet te negeren, en dat op enkele honderden meters van de grens. Dit voelde aan als een bewuste doorn in het oog van de Noord-Koreanen, een provocerend statement, als zou het leven in Zuid-Korea wél een feest zijn. Kinderachtig. En niet eens correct, want gaandeweg zou ik ontdekken dat ook veel Zuid-Koreanen gebukt gaan onder een dictatuur. Die van het prestige en het geld.

EEN GEVAL APART

Pitcairn. Eigenlijk verdient het eiland een apart hoofdstuk, maar het valt zo moeilijk te catalogeren. Dat ik er hier even over uitweid, heeft verschillende redenen.

Begrijp me niet verkeerd, het eiland was een aflevering in *Reizen Waes* meer dan waard. Ten eerste is er het fascinerende verhaal over de origine van de lokale bevolking. In 1789 brak op het Britse schip The Bounty muiterij uit. De leider van de muiters, Fletcher Christian, zette de kapitein en zijn aanhangers op een sloep en vluchtte met zijn eigen volgelingen naar Tahiti, waar een deel van hen achterbleef. Fletcher Christian vreesde echter dat de Britse vloot hen daar zou vinden, en koos samen met negen muiters en een aantal Tahitiaanse mannen, vrouwen en een baby opnieuw het ruime sop. Toen ze per toeval Pitcairn in het vizier kregen – het eiland stond op de Britse kaarten op de verkeerde plaats getekend – geloofde Christian dat ze daar nooit ontdekt zouden worden. In januari 1790 zette het gezelschap voet aan wal op het onbewoonde hoofdeiland. Daarop staken ze The Bounty in brand en deden ze het schip zinken. Ze richtten er een gemeenschap op waarvan de huidige autochtone inwoners van Pitcairn nog steeds afstammelingen zijn!

Pas in 1808 zou een ander schip, uit Amerika, het eiland bezoeken. Op dat moment was John Adams de enige nog levende man op het eiland, de meeste anderen waren gestorven tijdens onderlinge conflicten. Nog eens dertig jaar later werd Pitcairn officieel een overzees gebied van het Britse Rijk.
Tot op vandaag is Pitcairn een Brits protectoraat, wat concreet betekent dat het eiland zwaar gesubsidieerd wordt. Elke inwoner krijgt maandelijks 1500 pond en geregeld komt een vrachtschip er alle nodige levensmiddelen droppen. En zo kom ik bij een eerste reden waarom ik aan Pitcairn een beetje een 'fout' gevoel overhoud: zodra Engeland daar de stekker uittrekt, loop het hele eiland leeg. Daar ben ik zo goed als zeker van. Wat bezielt je anders om in het midden van de Pacific, op een eiland van een scheet groot en totaal geïsoleerd van de buitenwereld, te blijven wonen?

De natuur misschien? Toegegeven, het is op zich een fantastisch mooie uithoek van de planeet. De wandelingen waren ronduit adembenemend. Toen we bovenkwamen en aan de onbewoonde kant afdaalden richting zee, waren we getuige van een betoverende zonsondergang op de oceaan. Dan heb je echt het gevoel alleen op de wereld te zijn. Als je op Google Earth 'Pitcairn' intikt en uitzoomt, zie je rond de stip alléén maar blauwe zee. Niets, maar dan ook niets in de wijde omtrek. Toch werd ik er niet overvallen door een gevoel van onthaasting. Ik vroeg me eerder af: Hoe hard kun je onthaasten? Er zijn grenzen.

En daar voelde ik me echt tot in mijn diepste wezen begrensd. Al na enkele dagen voelde ik me een gevangene van de natuur. Er was werkelijk niets te beleven.

Voor de oudere mensen kon ik nog wel begrip opbrengen. Zij woonden er al hun hele leven en waren verknocht aan het eiland. Brenda en Mike, die er met al hun warmte voor probeerden te zorgen dat ik me thuis voelde, houden zich bovendien actief bezig met het verbouwen van honing. Dus zij leven er in harmonie met de natuur en proberen tenminste een beetje in hun eigen onderhoud te voorzien.
Maar ik kon me niet van de indruk ontdoen dat vele anderen er gewoon uit gemakzucht bleven wonen, om er een luilekkerleventje te leiden. Zoon Andrew bijvoorbeeld. Die was in het buitenland geweest, maar wist blijkbaar van geen hout pijlen maken. In hem zat zo weinig pit dat het tragisch werd. Bovendien was hij homo, dus de kans dat hij op Pitcairn een gezin zou kunnen stichten, was nihil. Maar in al zijn gelatenheid had hij zich ook daarmee verzoend.
Andrew is echter een uitzondering, de meeste van zijn generatiegenoten hadden blijkbaar hetzelfde gevoel als ik en kozen voor een nieuw leven in Nieuw-Zeeland. Ook hun ouders zagen wellicht in dat er weinig toekomst was weggelegd voor hun kinderen. Maar tegelijk is er nood aan vers bloed, om te werken in de (zelfvoorzienende) landbouw en om de bevoorradingsschepen te helpen lossen.

Op de koop toe was er nog de incestzaak in 2004. Toen werden dertien mannen, van wie er zes al het eiland hadden verlaten, aangeklaagd wegens seksuele contacten met kinderen. Zes mannen werden veroordeeld, onder wie de toenmalige burgemeester, maar in 2010 liepen hun gevangenisstraffen af of kregen ze huisarrest.
Vooraf was ons afgeraden om de hele zaak ter sprake te brengen, omdat de lokale bevolking er niet over wilde praten. Inderdaad, er heerste een soort omerta op het eiland.
Brenda, haar man Mike en 'toerismeverantwoordelijke' Heather hadden zelf niets te maken gehad met de hele affaire. Bij hen voelden we ons ontzettend welkom. Ik had eerlijk gezegd ook de indruk dat zij heel blij waren dat wij er waren, zo viel er tenminste nog iets te beleven. Maar beneden in het dorp, waar de meeste mensen woonden, zat men niet te wachten op een cameraploeg. 's Avonds, in het enige restaurant

van Pitcairn, werd ons diets gemaakt dat er beter zo weinig mogelijk gefilmd werd.
Die ene keer dat Brenda er toch over wilde praten, zei ook zij dat we het verleden moesten laten rusten. Ik kon haar alleen maar bijtreden: wat voor zin heeft het om door te bomen over feiten die van meer dan tien jaar geleden dateren? De bewoners hadden de zaak elk op hun manier verwerkt, dus had het weinig zin om die oude wonden open te rijten. De redactie drong er wel op aan om te blijven hengelen, maar daar hadden de crew en ik al snel geen zin meer in. Wij moesten tien dagen lang met die mensen samenleven, en mocht het tot een aanvaring zijn gekomen, dan was het niet bepaald mogelijk geweest om elkaar gedurende de rest van ons verblijf te mijden.

Pitcairn zal me ongetwijfeld altijd bijblijven, maar de kans dat ik er ooit terugkeer, is onbestaande. Véél te ver en véél te saai. Het afscheid van Brenda, Mike en enkele andere vriendelijke bewoners was best wel pakkend, maar dat kwam ook omdat het aanvoelde alsof ik hen achterliet in hun 'natuurlijke isolement', met weinig hoop op bevrijding of heropleving.

BEESTIG!

Vooraleer we eindigen met de mooiste plekjes op Moeder Aarde, gooi ik er als dierenvriend nog dit lijstje tegenaan: vijf onvergetelijke ervaringen met de fantastische fauna die onze planeet rijk is.

5. DE EENZAME SCHILDPAD

Tijdens een van mijn vier wandelingen op Pitcairn botste ik op de meest bijzondere bewoonster van het eiland: Mrs T. In tegenstelling tot de rest van de bevolking was deze reuzenschildpad geen afstammelinge van een lang geleden aangemeerde familie, maar een immigrante uit de Galapagos-eilanden. Niet dat ze de 5.000 kilometer naar Pitcairn in haar eentje had overbrugd. Nee, in 1934 had een of andere avonturier er niets beters op gevonden dan haar mee te nemen van Galapagos naar Pitcairn en haar daar achter te laten. Reuzenschildpadden kunnen echter meer dan honderd jaar oud worden, dus heeft Mrs T. tachtig jaar na haar aankomst nog steeds de hele speeltuin voor zich alleen. Al vraag ik me toch af of ze niet liever een speelkameraadje had gehad.

4. DE NIEUWSGIERIGE ELAND

Van slapen kwam niet veel in huis tijdens mijn kajaktocht door de uitgestrekte natuur van Alaska. Het minste geluidje volstond om me in staat van volledige paraatheid te brengen. Tenminste, dat dacht ik. Want na een nacht moest ik toch vaststellen dat ik even heel diep moet zijn ingedommeld. 's Morgens ontdekte ik de sporen van een eland, tot vlak tegen mijn tent. Zijn gesnuffel was me volledig ontgaan, wat me niet bepaald geruststelde. Maar toen ik later die dag van op het water een eland over de oever zag lopen (misschien mijn nachtelijke bezoeker?), waren mijn zorgen in een klap verdwenen. Ik wist meteen weer waarom ik zo graag de wildernis in wilde.

3. DE OPGEHITSTE TAPIR

Peter, onze Duitse gids in Paraguay, had in zijn Ecolodge een soort dierenasiel ingericht waar hij verdwaalde of gewonde dieren opving. Een daarvan was tapir Fifi. Peter kreeg het niet over zijn hart om het dier weer vrij te laten, want de lokale jagers lusten wel pap van tapirvlees en dus waren Fifi's overlevingskansen miniem. Dus temde Peter haar tot een charmant huisdier. Surreëel was het om met een tapir in het water te ravotten. En een tikkeltje gewaagd, want om de een of andere reden viel Fifi voortdurend mijn edele delen aan.

2. DE ENIGE ECHTE OLIFANTEN

De al bij al frustrerende reis naar Zuid-Soedan kreeg alsnog een onverhoopt hoogtepunt in Nimule National Park. Daar zag ik voor het eerst met eigen ogen Afrikaanse olifanten. En geloof me, die zijn veel indrukwekkender dan de Indische olifanten die je in de zoo of in het circus ziet. Vanaf mijn bootje beleefde ik een wonderbaarlijke safari-ervaring, in niets te vergelijken met de Beekse Bergen, en wellicht zelfs niet met het Krugerpark. Daar zit je als toerist in een van de tientallen jeeps die dezelfde route volgen. En als een van de gidsen er een leeuwin met jonge welpen heeft gezien, rijdt iedereen daar in colonne naartoe om in een halve cirkel rond het tafereel te parkeren en een zo 'uniek' mogelijk kiekje te nemen. Een vriend van me vertelde me dat hij echt goed moest kadreren om geen andere fotograferende toeristen in beeld te krijgen.

1. DE BROMMENDE BEER

Ik heb het niet over die totaal afgeleefde beer die aan de leiband van zijn baasje over het overvolle strand van Dürres (Albanië) strompelde. Want daar kreeg ik om de verkeerde redenen rillingen van. Nee, ik bedoel wel degelijk een 'wilde' beer in het wild, in de bossen van Alaska. De hele reis zat ik gewrongen tussen de vrees om er een tegen het lijf te lopen en de hoop er een in levenden lijve te zien. Het is het tweede geworden – ik heb dus geluk gehad. Maar om meer over dit wow-moment te lezen, zult u moeten doorbijten tot het einde van dit boek...

Magisch mooi

'De facteur komt hier niet.' Dat had ook de titel van dit hoofdstuk en misschien wel van dit hele boek kunnen worden. Deze oneliner vormde een rode draad door de opnames van *Reizen Waes* en vat – in al zijn ironie – een gevoel samen dat de crew en ik dikwijls hebben mogen ervaren.

De quote dateert echter van de reeks *Tomtesterom*, meer bepaald van de aflevering waarin ik een mustang moest temmen. Cameraman Nico kwam rechtstreeks uit Brazilië overgevlogen, waar hij een andere tv-opdracht had moeten vervullen, en kwam met gemengde gevoelens in Texas aan. Hij had sinds kort een nieuwe vriendin met wie hij het echt zag zitten, maar had dus niet de kans gekregen om tussen beide projecten door naar België te gaan. 's Avonds, toen we met de crew een glas dronken, baalde hij dan ook over het vele heen en weer reizen voor zijn job.

"Ik ben nooit thuis, dus mijn nieuwe lief zal het niet lang bij mij uitzingen", klaagde hij. "Als ik thuiskom, verkoop ik mijn camera en word ik facteur."

's Anderendaags moesten wij heel vroeg opstaan, omdat een troep wilde paarden elke dag bij het ochtendgloren verzamelde bij een riviertje. Dus reden we de volgende morgen in alle vroegte, door de duisternis, de prairie in. Net op het moment dat we die drinkende mustangs aan het filmen waren, kwam de zon op tegen de achtergrond van de prairie en de bergen. Een moment van bijna transcendentale schoonheid. Tot Pascal de stilte doorbrak: "Hé Nico! De facteur, die komt hier niet, hoor."

Een hilarisch moment, maar vooral het begin van een *running gag* die elke keer weer opduikt als we ons op een unieke plaats bevinden, waar de gemiddelde toerist zelden komt. (Nico en die vriendin zijn trouwens nog altijd samen, dus van een wrange nasmaak is geen sprake.)

SPIRITUELE SCHOONHEID

In Bhutan werden we meermaals overvallen door zo'n magisch gevoel. In de aflevering is de overweldigende natuur misschien niet helemaal tot haar recht gekomen, maar dat kwam omdat we het accent hebben gelegd op de prachtige mensen die er wonen en op de spiritualiteit die als een soort waas (woordspeling!) over de hele reis hing.

Op één plek was die waas zelfs heel tastbaar: Dochula, een soort mythische beboste heuvel, omhuld door slierten rook, waar elke voorbijganger verplicht is om te stoppen en een gebedsvlaggetje op te hangen. Voor onze gidsen was dat een automatisme. Het busje stopte, en zowel de chauffeur als Yishi hielden zich op een devote manier bezig met het ophangen van hun vlaggetjes, om zo geluk af te dwingen voor zichzelf of voor de overledenen. Op zo'n plek besef je dat je getuige bent van een totaal andere cultuur dan de onze en kun je alleen respect en bewondering voelen voor de manier waarop die mensen omgaan met hun tradities. Het zicht van die ontelbare wapperende vlaggetjes, tussen de bomen en de rooksluiers, en het monotone, bijna hypnotiserende gezang en getrommel van een monnik... Op zo'n moment wissel je een blik van verstandhouding uit met je crew. Een 'facteur'-blik.

Een plaats waar wellicht ook zelden een postbode langsgaat, is Tiger's Nest (Taktsang). Monniken bouwden dit klooster meer dan driehonderd jaar geleden op een haast onbereikbare richel in het hooggebergte. Een prestatie die haast even moeilijk voor te stellen is als de bouw van de piramides in Egypte. Het klooster werd gebouwd rond een grot waar een belangrijke boeddhistische goeroe in de achtste eeuw drie jaar, drie maanden, drie weken, drie dagen en drie uren lang zou hebben gemediteerd. Een bijzonder heilige plaats dus voor de Bhutanen, en de adembenemende ligging ervan zet dat alleen maar extra in de verf.
Net omdat Tiger's Nest zo heilig is, vergt de weg ernaartoe nogal wat overgave en opoffering. Pas na een helse tocht bergop, zeker met al het nodige beeld- en klankmateriaal op onze rug, bereikten we eindelijk de ingang... om daar kurkdroog te horen te krijgen dat er binnen niet mocht worden gefilmd. Best frustrerend, al moet ik zeggen dat het interieur me niet meteen van de sokken blies. Hoe prachtig ook, van zo'n klooster kun je je vooraf al iets voorstellen, en die voorstelling werd niet overtroffen. Maar de wetenschap dat ik me in zo'n oud klooster bevond, in aartsmoeilijke omstandigheden gebouwd en bengelend boven de gapende diepte, maakte het bezoek aan Tiger's Nest onvergetelijk.

DE ALLEREERSTE?

Het gebeurt wel vaker dat een wondermooie uithoek van de planeet extra cachet krijgt door de weg ernaartoe. Neem nu de wandeling richting Caño Canoas, een toeristisch totaal onontgonnen natuurwonder in het hartje van het **Colombiaanse junglegebied El Caguán**. Een lokaal reisbureau wilde deze trip in de toekomst graag aanbieden en was bereid om ons als proefkonijnen te gebruiken. En daar zeiden wij natuurlijk niet nee tegen. De kans om als eerste toeristen een prachtige plek te bezoeken, mochten we niet afslaan.

Slechts een jaar voor ons bezoek was in El Caguán een militaire basis gevestigd van waaruit het leger de omliggende oerwouden wil zuiveren van FARC-rebellen, en dat in samenwerking met het Amerikaanse leger. Midden in dat gebied, op zo'n 450 kilometer van Bogota, ligt het stadje La Macarena, vanwaar we onze tocht door de jungle echt wilden aanvatten. Hoewel er verdragen afgesloten waren tussen de regering en de FARC, de Revolutionaire Strijdkrachten van Colombia, was het verboden om met de jeep richting La Macarena te reizen. Omdat er nog dagelijks schermutselingen waren tussen beide troepen, moesten we zo'n vijftigtal minuten vliegen.
Tot dan toe had ik me in Colombia geen seconde echt bang gevoeld, maar de militaire aanwezigheid in La Macarena intimideerde me toch enigszins. De spanning was er duidelijk nog te snijden. Toen we ons klaarmaakten om met een boot over de rivier het eerste deel van onze trip af te leggen, vroeg een van de soldaten ons om 's avonds terug te keren. Met een pokerface stelden we hem gerust, ons goed bewust van onze leugen: na de boottocht zouden we immers met een jeep verder rijden naar het huis van onze lokale gids Paulo, vanwaar we te voet het laatste, haast ondoordringbare stuk van de jungle zouden doorkruisen. Bij eventuele sancties na onze terugkeer stonden we niet echt stil. Die soldaten hadden trouwens geen echte jurisdictie in dat gebied. Ze wilden zichzelf vooral niets te verwijten hebben, mocht er iets mislopen. Tenslotte was het in deze regio dat politica Ingrid Betancourt in 2002 werd ontvoerd. Pas zes en een half jaar later zou ze worden vrijgelaten. Ik moet toegeven dat ik daar wel bij heb stilgestaan. De fysieke angst om neergeschoten te worden heb ik niet gevoeld, maar de hele onderneming verliep toch op een nogal schimmige manier die me nooit

helemaal geruststelde. Uiteindelijk legden wij ons lot in handen van een tussenpersoon, boer Paulo, die de contacten tussen de FARC-rebellen en de bewoners van het laatste dorpje in de jungle onderhield. Hij had van de FARC de toelating gekregen om met mij naar Caño Canoas te trekken. Paulo was natuurlijk goed gescreend door onze redactie, maar tweehonderd procent zeker van 's mans betrouwbaarheid ben je eigenlijk nooit. Af en toe flitste deze vraag door me heen: Zijn we ons hier niet aan het laten vangen? In beide betekenissen, want we zouden de eersten niet zijn die met een smoesje de jungle in werden gelokt, om dan als ruilmiddel voor losgeld te dienen.
Ik werd er al iets geruster op toen Paulo een eerste stressvol momentje diplomatisch wist op te lossen. Twee kerels die ons pad kruisten, leken niet echt opgezet met het feit dat een cameraploeg in hun buurt rondliep. Paulo zei meteen: "Stop met filmen" en ging met hen praten. Na een korte onderhandeling mochten we onze tocht voortzetten.
Achteraf bekeken denk ik dat we op het juiste moment door El Caguán zijn getrokken. Dankzij de (relatieve) vrede op dat moment hoefden we ons niet echt zorgen te maken. Een jaar eerder of een half jaar later, toen het er weer bovenarms opzat tussen het leger en de rebellen, had ik deze tocht nooit durven te ondernemen. Niettemin was ik me wel bewust van de mogelijkheid dat we werden bespied. De FARC wist van onze aanwezigheid, dus kan ik moeilijk geloven dat ze ons helemaal niet in de gaten hebben gehouden.

Onderweg naar Caño Canoas liet Paulo me eerst nog een andere fabelachtige plaats zien: Caño Cristales, bijgenaamd de regenboogrivier. Door een speciale plant die op de bodem van de rivier groeit, krijgt de rivier daar de meest verbluffende kleuren, met als hoogtepunt de periode wanneer de plant het water roze kleurt. Paulo vertelde ons dat dat seizoen bijna ten einde was, dus was het bang afwachten of we getuige zouden zijn van dit wonder der natuur. En door alle onzekerheid en stress die we ons getroost hadden, hoopten we natuurlijk nog meer dat het allemaal de moeite zou lonen. Maar dat was zonder twijfel het geval: het roze water had iets onwezenlijks, temeer omdat het zich een weg baande tussen rotsen die tot sprookjesachtige vormen waren geërodeerd. Fantastisch mooi, en dan moest het pièce de résistance nog volgen.
Toen we ons een weg door het dichte woud kapten, voelde ik de adrenaline door mijn aderen pompen. Door het besef dat ik als eerste toerist

de Caño Canoas zou aanschouwen, waande ik me een ontdekkingsreiziger. En dan plots... hoorde ik door de bomen heen het oorverdovende geluid van vallend water. Het gebulder kwam steeds dichterbij, tot ik het laatste gebladerte wegsloeg en terechtkwam in een soort natuurlijke kuip van rotswanden, waar het water in schijnbaar speciaal aangelegde trapjes van af viel. Hoe mooi kan de wereld zijn, vroeg ik me af. En: Laten we dit alsjeblieft zo houden. We hadden dan wel het voorrecht gekregen om als proefkonijnen deze trip te beleven, diep vanbinnen hoopte ik dat we het pad niet hadden geëffend voor het soort massatoerisme waar ik een hekel aan heb.
Ik voelde me de koning te rijk en heb echt met volle teugen genoten van die wonderbaarlijke plek: ik heb geklauterd en gespetterd, gezwommen en een douche genomen onder de waterval.

De ochtend na de uitzending kreeg ik echter opnieuw een douche, een koude welteverstaan. Journalisten hadden op het internet foto's gevonden van Caño Canoas. "Tom Waes is dus niet de eerste toerist die de waterval heeft gezien, zoals hij in het programma beweerde", stond er te lezen. Ik ben niet te beroerd om toe te geven dat we daar een kleine uitschuiver hebben gemaakt. We hadden vooral niet zo hard mogen benadrukken dat ik de allereerste toerist ter plaatse was, maar sta me toe daar toch enkele kanttekeningen bij te maken.
De foto's die de journalisten online hebben gevonden, dateerden ofwel van meer dan twintig jaar geleden, toen de FARC nog niet in het gebied actief was, ofwel van onze eigen reis. Een van onze begeleiders had tijdens ons bezoek foto's genomen en had er niets beters op gevonden dan die op Flickr te pleuren nog voor de aflevering in kwestie was uitgezonden. Er stonden zelfs foto's bij waar ik zelf op te zien was! De redactie heeft die foto's nog laten verwijderen, maar het leed was intussen al geleden. De journalisten hadden hun versie van de feiten al klaar en wilden daar niet meer van afwijken. Mijn geloofwaardigheid en die van het programma werden dus aangetast, en dat is bijzonder jammer, want ieder van ons heeft te goeder trouw gehandeld. We zaten fout uit goedgelovigheid. De illusie hebben dat je de eerste bent, was veel te naïef. Anderzijds blijft het echt wel een totaal onontgonnen plek en ligt het niet voor de hand om ze te bezoeken. Caño Canoas vinden en te zien krijgen was dan ook een unieke belevenis. En daar kan niemand iets aan veranderen.

LUILEKKERLAND

Ook in **Paraguay** bezochten we een waterval die ik zeker moet vermelden als een van de meest impressionante natuurfenomenen die ik ooit zag. En hoewel die waterval veel gemakkelijker bereikbaar was dan Caño Canoas (en véél groter), was ook daar geen enkele andere toerist te bespeuren. Dat gaf de plaats wel een extra dimensie – ik kon er in alle rust van genieten – maar de totale afwezigheid van kijklustigen of infrastructuur was tegelijk ook tekenend voor wat we in Paraguay voortdurend ondervonden. Het voelde een beetje aan als een land van 'net niet'. Of zoals gids Peter het zo treffend verwoordde: "Wij hebben alles in Paraguay, maar onze buurlanden hebben alles groter, hoger of dieper. Heel frustrerend."
Inderdaad, niet eens zo heel ver stroomafwaarts, net over de Braziliaanse grens, vergapen dagelijks duizenden toeristen zich aan de wereldberoemde watervallen van Iguazu. De ruïne van een oude jezuietenmissie die we gingen bekijken, is naar verluidt één van de minst bezochte Unesco-Werelderfgoedsites ter wereld. Maar ze verbleekten dan ook in het niets bij pakweg Machu Picchu of de Aztekentempels. Het valt niet te ontkennen dat de natuur in Paraguay prachtig is, zeker de Pantanal waar de Moonsekte zich had gevestigd, maar het Amazonewoud in Brazilië heeft me veel harder weggeblazen. En het land beschikt evenmin over de bergen en de stranden waar Chili en Argentinië trots op zijn.

Wat Paraguay wel heeft, is een van de zeven moderne architecturale wereldwonderen, tenminste, zo besliste in 1994 de American Society of Civil Engineers. De Itaipu-stuwdam is gebouwd op de Paraná, de rivier die Brazilië van Paraguay scheidt, en niet ver van de waterval waarover ik het net had. Op de plaats van de dam bevonden zich vroeger nog veel grotere watervallen, die de vergelijking met de Iguazu-concurrentie moeiteloos doorstonden. Maar de Paraguayaanse overheid, die duidelijk niet wakker ligt van de potentiële toeristische troeven van het land, koos voluit voor elektriciteit. We hebben een uitgebreide rondleiding gekregen door de stuwdam, en ik moet zeggen: die was meer dan de moeite waard. Toen we binnen in het bouwwerk stonden, leek het alsof we omgeven waren door een monumentale betonnen kathedraal van zo'n kilometer breed (de breedte van de rivier), 120 meter hoog en 70 meter diep. Op de bodem voelden we het gedaver van de miljoenen liters water die zich via enkele ingangen bovenaan via buizen naar beneden stortten, waar het water een snelheid bereikte van wel 900 kilometer per uur. Vervolgens worden de buizen vernauwd richting turbines, om nog meer kracht en energie op te wekken. Vergelijkbaar met de natuurkracht die een waterval uitstraalt, maar esthetisch gezien natuurlijk een totaal andere ervaring.

Of je daarvoor naar Paraguay moet reizen? Nee, dat niet. Nogmaals, het is een mooi land en de mensen zijn er zonder uitzondering vriendelijk en gastvrij. Maar Paraguay deed me eigenlijk vaak denken aan België: geprangd tussen enkele mogendheden, is het een compromisland dat optimaal gebruikmaakt van die rol. Net zoals de Europese Unie in Brussel zetelt om Londen, Parijs en Berlijn niet te schofferen, bevindt de hoofdzetel van de Zuid-Amerikaanse voetbalbond zich niet in Brazilië, Argentinië of Uruguay, maar wel in… Paraguay.
Maar als je tijdens een rondreis in Zuid-Amerika toch Paraguay aandoet, dan kan ik één adres van ganser harte aanbevelen: de Ecolodge van gids Peter nabij Concepción. Ten eerste is Peter een interessante en intelligente kerel, die twee dagen na de val van de Muur Oost-Duitsland achter zich liet, “eindelijk bevrijd uit die ellendige kooi”. In 1991, na een passage in een commune in Portugal, koos hij voluit voor het avontuur en trok hij naar Paraguay. Peter biedt niet alleen rondreizen aan naargelang van je budget, hij beschikt ook over zijn eigen stukje aards paradijs. Of beter: zijn eigen luilekkerland. Ik heb – in alle objectiviteit – al mooiere plaatsen gezien, maar het was zalig om er tot rust te komen. De ongedwongen sfeer die er hing, de kleine dingetjes die we er beleefden, zullen mij en de crew nog heel lang bijblijven. Nooit zal ik in de zoo nog een tapir kunnen zien zonder aan Fifi – de huistapir van Peter – te denken. En waar ter wereld kun je urenlang, zonder besef van tijd, op een autoband over een rivier dobberen, wachtend tot de vissen bijten? “Zie ons hier nu zitten”, mijmerden we hardop. De aanwezigheid van piranha’s en kaaimannen maakte me wel wat zenuwachtig, maar door de kalmte van Peter trok ik me er na verloop van tijd ook niets meer van aan. Al bevestigden de Paraguayanen achteraf toch dat piranha’s venijnig kunnen bijten en niet zomaar – zoals Peter zei – een creatie waren van Hollywood.

'Aards paradijs'. Tijdens de research en de opnames van een reisprogramma blijkt dat een predicaat te zijn waar nogal kwistig mee wordt omgesprongen. Caño Canoes kwam aardig in de buurt, maar op veel plaatsen is de vergelijking veeleer onterecht.
Qeshm bijvoorbeeld. De voormalige president Ahmadinejad, zelden verlegen om een straffe uitspraak, noemde het eiland niet alleen de mooiste plek van **Iran**, maar ook – jawel – "het paradijs op aarde". *Top of the bill* was naar verluidt Star Valley, een vallei met grillige rotsformaties die ontstaan was door regenwater, maar waarvan de lokale bevolking dacht dat er een meteoriet was ingeslagen. Men geloofde dat er 's nachts geesten rondwaarden, en daar kon ik best inkomen. De sfeer in Star Valley had inderdaad iets onaards. Mij deed het vooral denken aan *Planet of the Apes*. Maar het paradijs op aarde? Dan is Ahmadinejad toch nog niet op zo veel plaatsen geweest, als je het mij vraagt.

Dan zal ik me de Yangykala Canyon die we in **Turkmenistan** te zien kregen nog veel langer herinneren. Ook hier speelde de weg ernaartoe een niet te onderschatten rol. Niet letterlijk, want onderweg reden we vooral door de woestijn, maar wel doordat we heel lang hadden moeten aandringen om eindelijk eens iets anders op het programma te krijgen dan de obligate staatsiebezoeken. Akkoord, Aziz had ons al getrakteerd op een zwempartijtje in een ondergronds zwavelmeer. Een welgekomen afwisseling, omdat we zo even ontsnapten aan de andere lijfwachten, maar opgelucht ademhalen was er niet echt bij met die vreselijke zwavelgeur. Van een scheet in een fles gesproken.
Wat de Yangykala Canyon betrof, had het lange aandringen niet zozeer te maken met censuur. Buiten de grote steden bestaat Turkmenistan vooral uit zand, dus veel 'imagoschade' valt er niet te filmen. Maar precies die onmetelijke zandvlaktes waren voor onze begeleiders het grote struikelblok, en terecht, zo bleek: op een bepaald moment konden we niet meer verder omdat een duin zich had verplaatst, pal op de enige ietwat berijdbare weg in de hele omgeving. Na een lastige rit van zeven uur kwamen we eindelijk ter plaatse. En of het die beproeving waard was! De canyon was ronduit impressionant.

De eeuwige vraag is hoe je zo'n uitgestrekte schoonheid in haar volle glorie kunt delen met de kijker. Ooit bevond ik mij in het basekamp van de Mount Everest, van waaruit ik ook de andere reuzen van de Himalaya (de K2 en de Lhotse) rondom mij zag oprijzen. Ik stond zo goed als op het dak van de wereld, maar geen enkele van de foto's die ik genomen had, slaagde erin de grootsheid van die omgeving te vatten. Tv-beelden kampen vaak met dezelfde tekortkoming. Door documentaires op National Geographic of de BBC ben je soms geneigd te denken dat je alles al hebt gezien. Maar er gaat niets boven *the real thing*. De Grand Canyon in Noord-Amerika bijvoorbeeld kent iedereen van foto's of tv-beelden, maar ik ben ook daar ooit geweest en geloof me: de diepte en de omvang slaan je alsnog met verstomming.
Ook de woorden in een boek volstaan zelden of nooit om natuurpracht te vatten, maar ik wil bij dezen toch een bescheiden poging ondernemen wat de Turkmeense canyon betreft. Ik werd er overvallen door een desolaatheid die we in het Westen niet meer kennen. De totale afwezigheid van andere toeristen – een groot contrast met de Grand Canyon – maakte de uitstraling ervan nog groter. De grillige vormen van de rotsen, in combinatie met hun roestige kleuren, leken precies zo ontworpen om de zonsondergang van het best denkbare decor te voorzien. Alsof ik me op een andere planeet bevond...
Wat deze excursie nog unieker maakte, was dat ook Aziz en de andere begeleiders eindelijk ontspannen waren. Ook zij leken opgelucht dat ze eindelijk even van al die pottenkijkers in de hoofdstad verlost waren. Eindelijk waren ze 'gewone mensen', en niet langer plichtsgetrouwe staatsambtenaren. We sloegen er onze tenten op, praatten 's avonds honderduit, ook over het regime in hun land, maar die gesprekken op beeld vastleggen? Dat ging te ver.
Dat zou ons die avond echter worst wezen. De Yangykala Canyon en het kamperen in de vrije natuur – 'vrij' in alle betekenissen – vormden het hoogtepunt van deze voor het overige compleet georkestreerde reis.

WELLES-NIETES

Van de ene dictatuur naar de andere. Ook de vaak frustrerende rondreis door **Noord-Korea** kreeg immers een magnifiek landschap als letterlijk en figuurlijk hoogtepunt. Al had ook ons bezoek aan Mount Baekdu (of Paektu) veel voeten in de aarde.

Niet dat de gidsen tegen die uitstap opzagen, wel integendeel, want deze vulkaan op de grens met China is voor de Noord-Koreanen een heilige plek en een bedevaartsoord. Volgens de overlevering heeft Kim Il-sung op deze plek eigenhandig de Japanse bezetters bevochten en zo de onafhankelijkheid van Korea afgedwongen, wat hem de eretitel 'eeuwige president' heeft opgeleverd. Bovendien zou in de geheime legerkazerne aan de voet van de berg Kim Jong-il geboren zijn. Of in de woorden van Mister Lee: "Hier zag onze eerbare generaal Kim Jong-il in 1942 het levenslicht. Er verschenen twee regenbogen en er vlogen drie pauwen door de lucht op het moment dat hij werd geboren. Hoewel februari de koudste maand van het jaar is, was het opvallend warm."
Buitenlandse historici zijn er nochtans van overtuigd dat Kim Jong-il een jaar eerder werd geboren in een legerkamp nabij Chabarovsk, in het oosten van Rusland. Daar was zijn vader als revolutionair strijder naar verbannen of gevlucht…
Mister Lee had nog minutenlang kunnen doorgaan met zijn mythologische versie van het verhaal, maar omdat ik weinig zin had in nog maar eens een uit het hoofd geleerd lesje uit de staatsencyclopedie, vroeg ik aan een lokale gids wat zij van de Heilige Berg vond. Maar ook zij dreunde af wat haar werd ingelepeld: "Als ik daarboven ben… hoe moet ik zeggen… voel ik een sublieme rust. Onze leider Kim Il-sung heeft op zo'n koude plek echt zware beproevingen doorstaan om tegen Japan te strijden. Ik zal mij inzetten om te bewerkstelligen en te voltooien wat onze Grote Leider voor de komende generaties bedacht heeft. Blablabla…"
Tweede poging. "Wat denkt u dat ik daarboven ga voelen?"
In de war door die meer persoonlijke vraag, wist ook deze gids even niet meer hoe ze zich uit deze precaire situatie zou redden.
Dat zag ik eerder ook al bij de gids in het oorlogsmuseum in Pyongyang. Nadat zij de heldendaden van de eerste twee Grote Leiders had verheerlijkt, had ik haar gevraagd hoe ze de toekomst zag.
"Fantastisch," antwoordde ze moeiteloos, "want onder maarschalk Kim Jong-un gaat de revolutie voort."
Maar op de vraag hoe ze haar eigen toekomst zag, haperde haar plaatje: "Hoe bedoel je? Míjn toekomst? Euh… Ik ben heel gelukkig. Ook in de toekomst…"
Ook de gids op de Heilige Berg stotterde even: "Ik zou niet weten hoe ik me in zo'n situatie zou voelen. Maar in elk geval…" Enkele seconden

stilte, waarin ze zichtbaar haar interne encyclopedie doorbladerde. En dan: "Als je die snijdende wind van Paektu hebt opgevangen, zou je inzicht kunnen krijgen in wat de revolutionaire geest van Paektu inhoudt en zou een netelige toestand in je hoofd voor een stuk verholpen kunnen worden."
Ik had nochtans het gevoel dat zij zonet met een netelige toestand in haar hoofd te kampen had... Maar nogmaals: je kunt dat die mensen eigenlijk amper verwijten.

Ik hoopte dat mijn opstandige gevoel in de ijle lucht zou oplossen bij het aanschouwen van de top van de Heilige Berg. Maar de geesten van de Grote Leiders waren mij niet gunstig gezind. Na een uur vliegen in een veertig jaar oude Tupolev en een rit van drie en een half uur, was er boven helemaal niets te zien. In plaats van regenbogen en een stralende zon, zorgde een dichte mist ervoor dat we geen hand voor ogen konden zien. Mijn geduld, dat in dit land al veelvuldig op de proef was gesteld, werd dus aan een nieuwe test onderworpen. Niet voor het laatst trouwens, want toen we de volgende ochtend om vijf uur opstonden om terug te keren bij helder weer, werden we aan de voet van de berg tegengehouden door militairen. Om God weet welke reden kregen we geen toestemming om die dag Mount Paektu te bezichtigen.
Vreemd genoeg maakte die weigering Mister Lee en Honey minstens even radeloos als de crew en ik. De twee gidsen waren de wanhoop nabij en smeekten de soldaten om een uitzondering te maken. Daarbij toonden ze zich van hun onderdanigste kant, op het kruiperige af.
Zo vermoeide Honey zich in allerhande verontschuldigingen. "Sorry dat ik u stoor tijdens het eten. Sorry dat we alleen maar aan onszelf denken."
Mister Lee rekende dan weer op het patriottisme van de hoogste soldaat in rang: "Help ons, kameraad. De leider heeft dit jaar drie keer verkondigd dat Mount Paektu ontwikkeld dient te worden. Ze zullen dit niet kunnen begrijpen. De televisieploeg zal denken: Wij willen de mooiste plek van dit land aan de mensen laten zien, waarom gaat dat zo moeilijk? Dus houd daar alstublieft rekening mee. Als u ons zou helpen, dan zal ik dat nooit vergeten."
Hoezeer ik hun smeekbeden ook waardeerde, het had allemaal iets dubbels. Enerzijds werd het mij nog eens duidelijk dat Mister Lee en Honey niet van slechte wil waren en voortdurend op muren botsten.

Anderzijds werden zij ook gedreven door vaderlandsliefde en onrechtstreeks misschien zelfs door eigenbelang. Zij beseften natuurlijk ook dat wij hun land in een slecht daglicht zouden stellen als dit unieke bezoek ons door de neus zou worden geboord. En een slecht imago voor Noord-Korea is negatief voor hun job.
Hoe dan ook, Mister Lee en Honey kregen het toch maar mooi voor de bakker en dus mochten we voor de tweede keer de Heilige Berg op. Na twee weken zouden we eindelijk te zien krijgen waar alle heisa om te doen was geweest.

In alle eerlijkheid: Mount Paektu is een van de mooiste plaatsen die we tijdens de twee reeksen van *Reizen Waes* hebben bezocht. In tegenstelling tot Mount Yasur, die zonder enige twijfel ook zijn plaats in dit hoofdstuk had verdiend, was deze vulkaan uitgedoofd. Maar waar de berg in Vanuatu het moest hebben van zijn oerkracht, straalde het ongelooflijk heldere kratermeer op Mount Paektu, omringd door schilderachtige bergtoppen, vooral rust uit. Mister Lee, die er nog nooit eerder was geweest, was danig onder de indruk, terwijl Honey zei dat ze het landschap nog nooit zo mooi had geweten. "We hebben echt veel geluk vandaag", stamelde ze. Ik kon niet anders dan haar gelijk geven: na bijna twee weken met veel te veel ergernis had deze heilige plek iets gelukzaligs en bevrijdends. Het besef dat we ons in Noord-Korea bevonden, op een steenworp van de Chinese grens, maakte de hele ervaring nog ongewoner. Alsof de plek nog niet genoeg symboliek ademde, kwamen daar, op die bergtop, voor het eerst in twaalf dagen plots sms'jes binnen op onze smartphones. De zendmasten aan de overkant van de grens deden hun werk. De buitenwereld was plots heel dichtbij.
Er was geen betere plek denkbaar om Mister Lee en Honey te bedanken voor al hun inspanningen. Ondanks alle wrevel, hadden zij zich tot de allerlaatste dag ingespannen om mijn bezoek aan Noord-Korea de moeite waard te maken. En vooral: zij hadden hun geduld met mij nooit verloren, terwijl dat omgekeerd meer dan eens het geval was. Dat alleen al verdient mijn grootste waardering.

Het toeval wil dat onze reis door Zuid-Korea ook op een krater eindigde, namelijk die van Sunrise Peak, op het eiland Jeju. Een bijna identieke plek, even mooi ook, maar toch totaal anders. Toen we voor het krieken van de dag, rond een uur of vijf 's ochtends, de top van de berg bereikten om van de zonsopgang te genieten, bleken rond de krater tribunes te staan, die stampvol Koreaanse en Japanse toeristen zaten. Tegen dit formidabele decor werd het contrast tussen Noord en Zuid nog een allerlaatste keer in de verf gezet.

INTO THE WILD

Eindigen wil ik doen met mijn hoogstpersoonlijke hoogtepunt uit twee reeksen *Reizen Waes*: mijn vierdaagse kajaktocht in **Alaska**.
Mijn eigen versie van *Into the Wild* had zowat in elk hoofdstuk van dit boek ondergebracht kunnen worden, want onderweg ben ik heen en weer geslingerd tussen kicks en angst, tussen extase en ontroering, tussen rust en eenzaamheid... Maar uiteindelijk was het mij er om te doen om net als Chris McCandless alles even achter mij te laten en een te worden met de overweldigende natuur van Alaska. Het avontuur draaide uit op een magisch mooie totaalervaring.

GEEN MAKKELIJKE BESLISSING

Het moet gezegd: we zijn voor deze onderneming niet over een nacht ijs gegaan. Sterker nog: de redactie, de crew en ikzelf hebben vooraf over geen enkel ander avontuur zo lang gepraat. Enerzijds wisten we dat het unieke televisie zou kunnen opleveren, anderzijds was zo'n solotocht natuurlijk niet zonder gevaar.
Het bezoek aan de Magic Bus had mijn droom wel aangewakkerd, maar had me tegelijk doen inzien dat je echt uit het goede hout gesneden moet zijn om in je eentje de wildernis in te trekken. En was ik dat wel? Ik had genoeg vertrouwen in mijn survivalkwaliteiten. Als grote fan van avonturiers als Bear Grylls wist ik hoe ik kon overleven: een kamp opzetten, eten maken, me beschermen tegen de weersomstandigheden... Ik kende de risico's maar al te goed, maar misschien was ik net daardoor zo zenuwachtig. Kevins verhaal over zijn ontmoeting met een beer stelde me wat dat betreft allerminst gerust. Hij was er dan wel zonder kleerscheuren afgekomen, maar vele anderen hadden in het verleden minder geluk gehad.
Bovendien was ik helemaal alleen. In Bettles, een klein dorpje van veertig inwoners aan de rand van het Gates of the Arctic National Park, liepen al heel wat minder hikers rond dan in Denali National Park – een

teken aan de wand? De meesten van hen waren er in groep, om samen enkele dagen te gaan vissen in de wijde natuur. Welgeteld één kerel wachtte er ongeduldig de winter af, om er dan zes maanden op uit te trekken met zijn sleehonden. Dat was nog waanzinniger dan wat ik van plan was, maar ik had vooral bewondering voor zijn moed.
Natuurlijk heb ik tijdens de voorbereiding vaak aan mijn gezin gedacht. Zoals ik ook voor de opdrachten in *Tomtesterom* en *Wauters vs. Waes* steevast de afweging maak of 'het de moeite waard is'. Maar terwijl het in de meeste andere gevallen om een korte kick ging, was ik ervan overtuigd dat dit méér dan de moeite waard was. Ik was zo dicht bij mijn ultieme droom dat ik al bij al niet echt meer heb getwijfeld. Nu ik in Bettles was, moest en zou ik het erop wagen. De kans dat een razende beer me tot moes zou slaan, was wellicht zelfs kleiner dan dat ik mijn nek had gebroken tijdens het duiken van een twintigmeterplank.

Tyler, de lokale ranger, had de ideale formule uitgedokterd. Met een vliegtuigje zou hij me naar een meer brengen, vanwaar ik vier dagen kon kajakken over de Alatna-rivier, tot aan het Takahula-meer.
Kajakken! Eindelijk waren mijn gebeden verhoord! Kajakken is namelijk mijn allergrootste passie, en dat heeft de redactie de voorbije jaren ondervonden. Van zodra ik ergens een rivier zag, smeekte ik hen om te mogen kajakken. Wie weet wilden ze gewoon van mijn gezeur af en hebben ze daarom hun fiat gegeven voor mijn solotocht, ongeacht de gevaren. Die gevaren werden trouwens beperkt door het feit dat ik mocht kajakken. Op het water ben je immers beter beschermd tegen beren dan op het land.

Het feit dat niemand, noch in Fairbanks, noch in Bettles, me op andere gedachten probeerde te brengen, sterkte me in de overtuiging dat de risico's al bij al wel zouden meevallen. Maar die redenering gaat eigenlijk niet op. Hoeveel regeltjes er in Amerika ook zijn, individuele vrijheid wordt er wel hoog in het vaandel gedragen. Je moet je aan bepaalde voorschriften houden, zoals een verplichte briefing door de rangers, maar uiteindelijk is iedereen vrij om zo'n tocht te ondernemen. Uiteraard hebben we de rangers wel verteld over mijn avontuurlijke mentaliteit, over mijn eerdere waaghalzerijen en mijn survivalkennis. Maar zelfs als dat niet het geval was geweest, hadden ze het mij misschien afgeraden, maar niet verboden.

"Ik denk dat je het in je hebt", zei Tyler me aan de vooravond van mijn vertrek. "Ik merk dat je er met de juiste mentaliteit aan begint. Je onderschat het niet, in tegenstelling tot veel anderen. Maar weinig mensen doen dit. Zelfs ik heb het nog nooit in mijn eentje gedaan. Ik ben nu eenmaal niet gek."

FOCUSSEN EN GENIETEN

Ik blijkbaar wel, en dus vlogen we 's anderendaags naar het Gates of the Arctic National Park, zo'n 34.000 vierkante kilometer groot, met in de verste verte geen enkele andere levende ziel te bespeuren, tenzij elanden, rendieren, wolven en… beren.
Toegegeven, het was toch mijn angst voor beren die de adrenaline door mijn aderen pompte tijdens het allereerste stuk van mijn tocht. Van het meer naar de rivier moest ik een stuk moeras doorkruisen. Ik wist meteen waarom die *crossings* het grootste gevaar inhouden. Je ploetert door het moeras, waardoor je je sowieso niet snel uit de voeten kunt maken. Maar soms bots je op dicht struikgewas, waardoor je niet de richting uit kunt die je wilt en vaak geen twee meter voor je uit kunt kijken. Dan kun je op elk moment een beer tegen het lijf lopen. Van genieten is dan geenszins sprake.
Daarom riep ik voortdurend: *"Ho bear, coming through."* Niet dat die beren beter Engels dan Nederlands begrijpen, maar zo had de instructeur het me nu eenmaal geleerd tijdens mijn korte berenbeschermingscursus. Met 'voortdurend' bedoel ik ook effectief voortdurend. Achteraf zei monteur Sammy me dat hij hoorndol werd van mijn gebrul. De arme kerel moest uren beeldmateriaal doorworstelen…

Zodra ik bij de rivier kwam, de boot had opgeblazen en de camera's juist had gepositioneerd, was ik eindelijk écht weg. Weg! Je zit namelijk niet op de Lesse, maar op een rivier waarvan je zeker bent dat in een omtrek van honderden kilometer geen andere mensen te vinden zijn.
En dan die stilte! Als je op de oever staat, hoor je het water van de rivier klateren en klotsen, maar wanneer je op het water dobbert, zeker op de brede stukken, hoor je niets. Met die stilte had ik geen enkel probleem, integendeel. De rust in combinatie met de fantastische natuur om mij heen deed me meteen beseffen dat ik mijn droom aan het verwezenlijken was. En dat die realiteit ook volledig aan mijn verwachtingen beantwoordde.

Hoe rusteloos ik doorgaans ook ben, ik heb met volle teugen genoten van de tijdloosheid die er heerste. Het is zalig om te weten dat je niet voortdurend zult worden gebeld of gemaild. Mocht je mij nu vragen om op de oever te gaan zitten en twee dagen te vissen, dan word ik waarschijnlijk gek. Maar met een kajak drijf je door een landschap dat voortdurend verandert. De wereld passeert en het kost je al bij al weinig moeite. Eentonig wordt het nooit. Echt nooit.
In mijn geval kon de verveling ook onmogelijk toeslaan, want ik was natuurlijk niet honderd procent met vakantie. Ik moest ook nog voor goede televisie zorgen. De ploeg had me met aandrang gevraagd om hardop te reflecteren en mijn twee GoPro's zo constant mogelijk te laten draaien. Nu heb ik wel voldoende tv-ervaring om daar zelf aan te denken, maar daarnaast voelde ik ook de behoefte – zelfs de noodzaak – om alles wat ik zag en voelde te delen met de kijkers. Want hoezeer ik ook genoot van de fantastische omgeving, deze tocht bevestigde vrij snel het vermoeden dat ik geen einzelgänger ben. Niet dat ik niet om kon met de eenzaamheid, want ook die had iets rustgevends, maar zeker 's avonds voelde ik de drang om terug te blikken, van gedachten te wisselen, om de emoties met iemand anders te delen. Omdat dat niet kon, vervulden de kijkers dan maar die rol, via de camera's. We hebben er trouwens eventjes over nagedacht om cameraman Nico met me mee te sturen, ook al omdat een extra cameraman – een professionele dan nog – nog veel mooiere beelden had kunnen schieten. Er zullen altijd sceptici zijn die in twijfel trekken of ik daadwerkelijk alleen was, maar ik mag hopen dat de beelden voor zich spreken.

HAZENSLAAPJES

De afwezigheid van een compagnon was ook een van de redenen waarom ik nogal vroeg ging slapen. Van napraten was immers geen sprake. Sowieso kon ik het me niet veroorloven om een geschikte overnachtingsplek voorbij te varen, ongeacht het tijdstip. En dan had ik ook nog tijd nodig om mijn tent op te slaan, water te zuiveren en mijn potje te koken, allemaal zoals de rangers het me geleerd hadden. Ik sliep met mijn rug richting rivier, zodat ik altijd zicht had op het land. Koken deed ik 100 meter verderop, met de wind mee, zodat de beren achter mij niet op de geur zouden afkomen. Eten deed ik op nog een andere plek, op even grote afstand van de tent.
'Vroeg gaan slapen' is trouwens een relatief begrip als je tijdsbesef in de

war is. En dat was al snel het geval, want toen ik in Alaska was, bleef het 24 uur lang licht. Ik droeg een horloge met alleen wijzers, waardoor ik na enkele dagen nog maar moeilijk kon uitmaken of het vier uur 's ochtends of 's namiddags was. Die tijdloosheid werd nog versterkt doordat ik op de meest onlogische momenten ging slapen en wakker werd. Wanneer ik de slaap niet kon vatten, pakte ik mijn spullen en zette ik mijn tocht voort. Waarom liggen piekeren over beren als je in je kajak van de natuurlijke pracht kunt genieten? Zodra ik in het water lag, stelde ik dan vast dat het bijvoorbeeld nog maar zeven uur 's morgens was.
De nachten duurden dus sowieso korter dan als het donker was geweest, want dan had ik veel langer moeten wachten om opnieuw het water op te gaan. Nee, ik was er niet rouwig om dat de duisternis nooit inviel. Voor de beren maakte dat wellicht niet veel uit, maar voor mij wel. Ik mag er niet aan denken dat ik in het pikdonker een beer had horen naderen...
Van pure vermoeidheid sliep ik wel, maar 'in vlagen', zoals dat heet. Ik schoot voortdurend wakker omdat ik een geluid had gehoord. Of dacht te hebben gehoord. Dan stond ik op, stak mijn hoofd uit de tent, keek rond en ging opnieuw liggen. En dat meermaals per nacht. Enorm vermoeiend. Ook dat was een nadeel van het alleen reizen: met zijn tweeën hadden we beurtelings de wacht kunnen houden en tussendoor iets beter kunnen slapen.
Kortom, het was voor mij elke keer weer een verademing om in mijn kajak te kruipen. De schrik voor beren zat er dus wel degelijk in, daar hoef ik niet flauw over te doen. Daarom had ik ook een pistool bij me. In de aflevering verontschuldig ik me daarvoor, en bij dezen wil ik dat nog eens doen, omdat ik een rabiate tegenstander ben van wapens én een onvoorwaardelijke dierenvriend. Ik had het verschrikkelijk gevonden als ik een beer had moeten neerschieten. Uiteindelijk hoef ik daar helemaal niet te zijn. Ik ben de indringer die hun habitat komt verstoren, daar kunnen die beesten niets aan doen. Maar in uiterste geval van nood bood het me wel een extra reddingsmiddel, naast de berenspray.
Het is dus niet zo dat ik daar als een cowboy heb rondgevaren en -gewandeld. Sterker nog, het duurde niet lang of mijn pistool was helemaal tot onderaan in mijn rugzak gezakt. Blijkbaar stond ik dan toch niet zo stijf van de angst. De berenspray hield ik wel voortdurend binnen bereik, maar het pistool laadde ik alleen 's avonds en hield ik 's nachts bij me in de buurt.
Ten slotte had ik ook een gps-toestel bij mij, zodat ik in een noodsituatie

een signaal kon uitsturen en een reddingsoperatie op het getouw kon worden gezet. Ook een satelliettelefoon was een absolute voorwaarde. Niet zozeer voor mij, maar voor de ploeg en voor Tyler. Doorgaans stond die telefoon uit, maar naar het einde van de tocht toe moest ik die wel aanzetten, omdat de kans bestond dat de piloot mij zou opbellen om naar de weersomstandigheden te polsen.

GO WITH THE FLOW

Dat mijn pistool steeds verder wegzakte in mijn rugzak, geeft al aan dat ik steeds beter wende aan mijn situatie en er ook steeds meer van genoot. Als ik tien dagen had rondgedobberd, was ik ongetwijfeld minder alert geworden. En het is op die momenten dat je het grootste risico loopt. De redactie had mijn avontuur echter sowieso beperkt tot 120 kilometer. Begrijpelijk, vanuit veiligheidsoogpunt. Stel je maar eens voor dat ik de eerste dag was gekanteld en dat mijn kajak ervandoor was gegaan. Dan is 120 kilometer verschrikkelijk ver. Maar voor mij had het eigenlijk nog veel langer mogen duren, want we hebben die afstand – en vooral de snelheid waarmee ik die aflegde – totaal verkeerd ingeschat.

Ik had algauw door dat ik bijzonder snel opschoot. Te snel zelfs, in zoverre dat ik op de rem moest gaan staan. Dat vond ik helemaal niet erg: peddels laten rusten, me gewoon laten meedrijven door het adembenemende landschap van Alaska en een eland in het wild spotten! Geen verplichtingen, niets of niemand om rekening mee te houden. *Go with the flow.*

Maar nogmaals: het verstand helemaal op nul zetten, was geen optie. Niet alleen omdat ik voor mooie beelden moest zorgen, maar ook door het addertje onder het gras waar Tyler me voor gewaarschuwd had. Het Takahula-meer, waar ik zou worden opgepikt, was niet zichtbaar vanaf de rivier. Ik moest me dus voortdurend bewust blijven van waar ik precies was, zeker omdat ik mijn snelheid moeilijk kon inschatten. Doordat de Alatna behoorlijk vaak meandert, kon ik bovendien niet zomaar rekenen op mijn nochtans goed ontwikkelde zin voor oriëntatie. Telkens als ik twijfelde, zette ik mijn boot aan de kant om in het landschap te zoeken naar nieuwe referentiepunten.

Te vroeg aan land gaan om het meer te zoeken was geen probleem: mocht het te lang duren, dan kon ik altijd terugkeren naar de rivier

en verder drijven. Maar ik mocht in geen geval het meer voorbijvaren. Tegen de stroom in terug peddelen was onmogelijk en ik wilde te allen prijze vermijden dat ik te ver over het land moest terugwandelen.
Ik kon niet voor tweehonderd procent vertrouwen op die satelliettelefoon. Stel dat ik die in het water liet vallen of dat de batterij het zou begeven... Daarom moest ik er absoluut voor zorgen dat ik op tijd aan het Takahula-meer was.

HET WEER, DE BEER EN HET MEER

In de loop van dag drie werd het weer alsmaar slechter. De hemel raakte overtrokken en er vielen al wat eerste buien. Daarom besloot ik om het vroeg voor bekeken te houden en te hopen op beterschap de volgende dag. Toen stond de beklimming van Takahula Mountain op het programma.
Het bleek ijdele hoop. Toen ik na een helse nacht met onophoudelijke regen mijn tentje openritste, was de berg volledig omsluierd door mist. Zichtbaarheid nihil. Interessant beeldmateriaal zat er dus niet in. Ik heb even overwogen om Takahula Mountain louter voor mijn eigen vertier te beklimmen, maar ook daar zag ik uiteindelijk van af. De kans was te groot dat ik zou verdwalen. Nu kan ik wel goed met een kaart en een kompas werken, maar door de nevel miste ik de nodige oriëntatiepunten. Bovendien had ik een dag eerder gezien dat de berg via verschillende kammen naar de vallei liep. De kans was niet onbestaande dat ik aan de verkeerde kant van zo'n kam terechtkwam en zoiets merk je vaak als het al veel te laat is. Dan wordt het moeilijk om die kam over te steken en moet je helemaal tot beneden, waardoor je snel een halve dag verliest. Ik maakte het ooit mee toen ik met mijn vrouw door de Pyreneeën trok, maar daar bots je na een aantal uren altijd wel op een verharde weg of een lokale inwoner. In Alaska, en zeker in het gebied waar ik me bevond, hoefde ik daar niet op te rekenen. En dan waren er natuurlijk nog de beren, die zich niets zouden aantrekken van die mist.
Ook de aanhoudende regen stemde me somber. Kajakken is dan echt geen pretje. De kans dat ik het koud zou krijgen, was reëel. En aangezien ik die ochtend al geen vuur meer had kunnen stoken door het natte hout, zou ik me 's avonds wellicht ook moeilijk kunnen opwarmen. Nog een nacht in de koude doorbrengen, zou me écht in de problemen kunnen brengen.

Er zat dus maar een ding op: vroeger dan gepland – zij het te voet en dus niet zo snel als over het water – richting Takahula Lake trekken. Tyler had me verteld dat zo'n vijftig jaar geleden een primitieve hut was gebouwd aan het meer. "Ideaal voor noodgevallen of als het weer plots omslaat", had hij gezegd. Als het zou blijven regenen, dan zou ik daar voldoende kunnen opwarmen en herstellen van de zware tocht die me te wachten stond. Want wandelen in die omstandigheden was onnoemelijk zwaar. Zowel fysiek (met een camera, een rugzak waar een opblaasbare kajak inzat en peddels die overal bleven haperen) als mentaal, door dat voortdurende bewustzijn dat er een beer in de buurt kon zijn.
Dat bleek ook, want toen ik na vijf uur stappen op het meer botste, zag ik op de anderhalve meter brede strook gras tussen het bos en het water uitwerpselen van een beer liggen! Het dier kon dus elk moment opduiken. Maar van welke kant? Van links of van rechts? Ik was intussen ook doorweekt en had voor mezelf al uitgemaakt dat ik die hut wilde opzoeken, maar ook die wist ik niet precies liggen. Stel je voor dat ik in wijzerzin begon te stappen en dat die hut zich slechts enkele honderden meters verder in tegenwijzerzin zou bevinden... Hoewel het me veel meer moeite kostte om die kajak op te blazen dan om gewoon rond het meer te wandelen, besloot ik toch maar zo snel mogelijk het water op te gaan. Zo zou ik de noodhut wellicht veel sneller vinden, maar was ik vooral op veilige afstand van het bos en de beren.

Mijn vrees was gegrond, want zodra ik op het water was, duurde het niet lang of ik zag op de oever een beer rondlopen. Geen grizzlybeer, maar toch een uit de kluiten gewassen zwarte beer. Toen dacht ik wel even: Wat als ik die aan de rand van het meer was tegengekomen? In een reflex probeerde ik meteen de diepte van het water in te schatten. Op de plaats waar ik dobberde was het zeker twee meter diep, maar dat was waarschijnlijk niet zo op het stuk tussen de oever en mijn kajak. Ik ben tot op zo'n 10 meter genaderd, dichter vond ik toch te riskant. In het begin bleef de beer kalm, maar toen hij vond dat ik toch te lang in de buurt bleef, kreeg hij het op zijn heupen en begon hij zich kwaad te maken. *Huffin' and puffin'!*
Helaas had mijn grote camera het tijdens de wandeling in de gietende regen begeven, waardoor ik de beer heb moeten filmen met mijn twee GoPro's. Jammer voor de kijkers, maar de beelden staan voor eeuwig op mijn netvlies gebrand.

En dat geldt ook voor de omgeving waarin ik ronddobberde. "Ik denk dat dit een van de mooiste plekken is waar ik in mijn leven geweest ben", zei ik tegen de camera. En dat vind ik nog steeds. Takahula Lake is wellicht niet het mooiste meer ter wereld, maar de hemelse stilte gaf het iets mythisch. Het water klaterde nog minder dan dat van de rivier – sterker nog: helemaal niet – en de absolute afwezigheid van geluid versterkte het besef dat ik de enige mens in de wijde omtrek was. Dat gevoel is op niet veel plaatsen ter wereld te evenaren, denk ik.

HET EINDE VAN DE DROOM

Na een tijdje ontwaarde ik op de oever de hut. Dat ik daar mijn toevlucht toe heb gezocht, deed trouwens geen enkele afbreuk aan het authentieke survivalgevoel. De bergen staan vol met dergelijke noodhutten, daar dienen ze voor. En had Chris McCandless ook niet zijn Magic Bus?

De hut was voor tien jaar verhuurd aan een Italiaanse dokter die er enkele weken per jaar kwam onthaasten. De shelter was volledig beschermd tegen beren, met nagels die uit de deuren priemden, maar helaas ook niet toegankelijk voor mensen. Gelukkig stond naast het huisje wel een grote tent met een houten vloer, een veldbed en brandhout. Eindelijk een droge en warme plek! En die kon ik wel gebruiken, want als ik nog een nacht kou had moeten lijden, dreigde ik ziek, moe en onderkoeld te raken. Dan val je in een diepe slaap, en dat is levensgevaarlijk.

Hoe voorzichtig ik me ook gedragen heb – misschien speelde ik zelfs meer op veilig dan ik buiten het programma zou doen – de crew heeft tijdens mijn solotocht blijkbaar behoorlijk wat angsten doorstaan.

Eigenlijk was de afspraak dat ik de satelliettelefoon alleen zou gebruiken om Tyler te melden dat ik op de plaats van afspraak was. Maar toen ik ontdekt had dat de grote camera niet meer werkte, belde ik toch de crew op om te vragen of ik dat kon herstellen.

Mijn verbazing was groot toen cameraman Bert na het opnemen in alle staten was.

"Tom, is alles in orde? Is er iets gebeurd?"

Wat bleek? De bedoeling was dat de crew in Bettles en de redactie in Brussel mijn traject konden volgen via het gps-toestel dat ik op zak had. Maar na twee dagen was dat signaal weggevallen. Iedereen natuurlijk doodongerust, met veel heen-en-weergetelefoneer tussen Amerika en

Brussel als gevolg. Even werd zelfs overwogen om de procedure voor een reddingsoperatie in gang te zetten.
Maar dat wist ik allemaal niet, dus antwoordde ik doodleuk: "Nee, hoor. De camera is kapot, meer niet."
De schuld van hun paniek lag volledig bij mij. Eigenlijk was ik vier dagen eerder nogal halsoverkop moeten vertrekken naar het National Park, want door het wisselvallige weer was het voor de piloot op een gegeven moment 'nu of nooit'. Daardoor had ik de uitleg over het gps-toestel maar half gekregen (of begrepen?). Ik dacht dat de crew me kon volgen als de gps voortdurend aanstond, maar blijkbaar moest ik tussendoor ook regelmatig op 'OK' duwen. En na een tijdje was ik dat blijkbaar vergeten.

Nadat ik de volgende ochtend werd gewekt door het gehuil van wolven, zette ik de satelliettelefoon opnieuw aan, zodat de piloot me kon opbellen. Hij vroeg me naar de weersomstandigheden rond het meer, want in Bettles was het kantje boord om op te stijgen. Even zag het er zelfs naar uit dat ik nog een dag langer in de wildernis zou moeten doorbrengen. Of moet ik zeggen: 'mogen'? Want zoals ik al zei, had mijn droom nog wat langer mogen duren.

Omdat ik pas rond de middag zou worden opgehaald, besloot ik nog een laatste keer op het meer te drijven. Om alles nog eens goed tot mij te laten doordringen.
Ik heb tijdens mijn expeditie alles gezien wat ik wolde zien – zelfs een eland en een beer – en ik heb alles gedaan wat ik wilde doen. Maar vooral: ik heb er rust gevonden en heb me nog nooit zo dicht bij de natuur gevoeld als tijdens die vier dagen alleen in de weidse landschappen van Alaska. Dit avontuur heeft me alles geboden wat ik ervan verwacht had. Tyler had me op voorhand gezegd: "De eenzaamheid is enorm, maar je zult ervan genieten. Veel mensen keren terug met een gelukzalige glimlach op het gezicht."
Inderdaad, ik denk dat mijn vrienden na de landing aan mijn gezicht konden aflezen dat ik in de wolken was. Maar als mijn glimlach gelukzalig was, dan kwam dat ongetwijfeld ook omdat ik blij was hen terug te zien. Want ik heb hen wel degelijk gemist.

Mijn conclusie luidt dan ook dat ik zo'n avontuur aan iedereen kan aanbevelen. Het is de ultieme onthaasting, zeker met een kajak. Dat is veiliger en als er genoeg stroming is, leg je zonder al te veel moeite grote afstanden af.
Maar als ik ooit terugkom, en dat ben ik vast van plan, dan is het niet in mijn eentje. Want voor mij persoonlijk is het belangrijk mijn ervaringen met anderen te delen. In Alaska heb ik mijn droom met de kijkers gedeeld, en eigenlijk is dát waar het in de twee seizoenen van *Reizen Waes* om ging: volg je dromen, trek eropuit en leer de wereld in al haar verscheidenheid en schoonheid kennen en koesteren.

Info landen

TURKMENISTAN

Ligging: Azië, aan de Kaspische Zee, grenzend aan o.a. Iran en Afghanistan
Hoofdstad: Ashgabat
Staatsvorm: presidentiële republiek
Valuta: Turkmeense manat
Oppervlakte: 488.100 km^2
Bevolking: 5,24 miljoen
Officiële taal: Turkmeens (minderheid Russisch)

WAT JE OOK NOG MAG WETEN

- Turkmenistan was tot 1991 een onderdeel van de Sovjet-Unie.
- Het was altijd een land van nomaden.
- Volgens Amnesty International worden de democratische vrijheden en de mensenrechten ernstig geschonden door president Berdimuhamedow (aan de macht sinds 2007).
- Berdimuhamedow is de opvolger van de minstens even dictatoriale Niazov (Turkmenbashi), die vooral aan zelfverheerlijking deed.
- 90% van de oppervlakte bestaat uit zandwoestijnen.
- Slechts tienduizend toeristen per jaar: je hebt een speciale toestemming nodig.
- Elke vorm van communicatie (internet, post...) wordt streng gecontroleerd door de overheid.

ZUID-SOEDAN

Ligging: oostelijk Centraal-Afrika, grenzend aan o.a. Congo en Ethiopië
Hoofdstad: Djoeba
Staatsvorm: presidentiële republiek
Valuta: Zuid-Soedanese pond
Oppervlakte: 619.745 km^2
Bevolking: 11,3 miljoen
Officiële taal: Engels (naast zestigtal regionale talen)

WAT JE OOK NOG MAG WETEN

- Nieuwste land ter wereld: werd onafhankelijk van Soedan in juli 2011 na een volksraadpleging.
- Het land werkt aan de heropbouw na de Soedanese burgeroorlogen.
- Zuid-Soedan lijdt onder geweld van etnische stammentwisten, politieke en grensconflicten, met veel vluchtelingen en armoede tot gevolg.
- Het tropische Zuid-Soedan wordt doorsneden door de Witte Nijl en bestaat vooral uit vochtige savanne en moeras.
- Boma National Park is een van grootste natuurlijke dierenparken ter wereld.
- Toerisme is ongeveer onbestaande wegens levensgevaar en gebrek aan voorzieningen.

COLOMBIA

Ligging: noordelijk Zuid-Amerika, grenst o.a. aan Brazilië
Hoofdstad: Bogota
Staatsvorm: presidentiële republiek
Valuta: Colombiaanse peso
Oppervlakte: 1.141.748 km^2
Bevolking: 48,32 miljoen
Officiële taal: Spaans

WAT JE OOK NOG MAG WETEN

- Zeer gevarieerde en prachtige natuur, met mooie kustlijnen en stranden, het Andesgebergte, het Amazonewoud en de vlaktes van de Orinoco.
- Meer dan de helft van het land bestaat uit tropisch oerwoud.
- Slecht imago door drugskartels (cocaïnemaffia), met bijbehorend geweld.
- Ook onrustig door aanhoudend geweld tussen overheid en linkse FARC-guerrilla.
- Stabiliteit en veiligheid sterk toegenomen sinds 2002.
- Toerisme daarom gestegen naar meer dan miljoen bezoekers per jaar.
- De meest gekende exportproducten zijn olie, koffie en schrijver Gabriel Garcia Marquez.

PITCAIRN

Ligging: continent Oceanië, eiland midden in de Stille Oceaan
Hoofdstad: Adamstown
Staatsvorm: behoort tot British Overseas Territories, geleid door Britse gouverneur (vanuit Nieuw-Zeeland) en plaatselijke burgemeester
Valuta: Nieuw-Zeelandse dollar
Oppervlakte: 5 km^2
Bevolking: 53
Officiële taal: Engels

WAT JE OOK NOG MAG WETEN

- Enige bewoonde eiland van groep van vier.
- Een van meest afgelegen plaatsen in de wereld: dichtstbije vasteland is Nieuw-Zeeland (5000 kilometer ver).
- Meeste bewoners stammen af van de muiters van de H.M.S. Bounty: Engels koopvaardijschip dat in 1789 na muiterij hier strandde.
- Weinige inwoners leven van eigen voedselwinning en verkoop van honing, houtsnijwerk en postzegels via passerende schepen.
- Verwikkeld in enorm schandaal van incest en kindermisbruik, kwam in 2004 voor de rechtbank.
- Toerisme is zeer bescheiden door de enorme afstand, het gebrek aan transportmogelijkheden en het gebrek aan voorzieningen (er is één winkel, één restaurant en geen hotel).

IRAN

Ligging: Azië, tussen de Kaspische Zee, de Perzische Golf en de Golf van Oman
Hoofdstad: Teheran
Staatsvorm: islamitische republiek (sjiisme)
Valuta: Iraanse rial
Oppervlakte: 1.648.195 km^2
Bevolking: 77,45 miljoen
Officiële taal: Perzisch (naast veel regionale talen)

WAT U OOK NOG MAG WETEN

- Vroegere benaming was Perzië.
- De sjah werd in 1979 afgezet voor ayatollah Khomeini.
- Fel antiwesterse president Ahmadinejad in 2013 opgevolgd door meer gematigde Hassan Rohani.
- Streng religieus: geen vrije godsdienstbeleving, geen vrije meningsuiting, ongelijkheid man-vrouw, homoseksualiteit verboden.
- Relatie met het Westen, zeker de VS, is problematisch (o.a. vermoedens van nucleaire bewapening).
- Twee derde bestaat uit hoge bergen.
- Toerisme kan alleen op uitnodiging.
- Land leeft vooral van de export van olie en aardgas.

VANUATU

Ligging: Oceanië, eilandengroep in de Stille Oceaan, ten oosten van Australië
Hoofdstad: Port Vila
Staatsvorm: presidentiële republiek
Valuta: Vanuatuaanse vatu
Oppervlakte: 12.200 km^2
Bevolking: 252.763
Officiële talen: Frans, Bislama, Engels

WAT U OOK NOG MAG WETEN

- Bestaat uit in totaal 83 eilanden, waarvan 65 bewoond.
- Landschap meestal bergachtig en vulkanisch.
- Land met de meeste natuurrampen (orkanen, tsunami's, aardbevingen en vulkaanuitbarstingen) ter wereld.
- Prachtige natuur, veel ecotoerisme, populair voor outdoor sporten
- Bevolking leeft vooral van landbouw en visserij.
- Vroeger woonden er kannibalen (pas sinds 1969 strikt verboden)
- Eigendom van varkens is symbool voor rijkdom.

BHUTAN

Ligging: Azië, grenzend aan China, India en Nepal
Hoofdstad: Thimphu
Staatsvorm: constitutionele monarchie
Oppervlakte: 38.394 km^3
Bevolking: 753.947
Valuta: Bhutaanse ngultrum
Officiële taal: Dzongkha

WAT U OOK NOG MAG WETEN

- Gelegen in het oostelijke deel van de Himalaya.
- Pas recent (sinds 1999) aangesloten op televisie en internet.
- Koning meet welvaart in zijn land af aan de hand van Bruto Nationaal Geluk.
- Een van de armste en minst onwikkelde landen ter wereld, industrie en transportmogelijkheden ontbreken bijna volledig.
- Zeer bergachtig met een piek van 7570 meter.
- Toerisme wordt niet aangemoedigd en streng gecontroleerd; toeristen worden belast en moeten altijd vergezeld zijn van een gids.

TRANSNISTRIE

Ligging: Zuidoost-Europa, tussen Moldavië en Oekraïne
Hoofdstad: Tiraspol
Staatsvorm: officieel een onderdeel van Moldavië, noemt zichzelf een onafhankelijke republiek
Valuta: Transnistrische roebel
Oppervlakte: 4.163 km^2
Bevolking: 537.000
Officiële talen: Roemeens, Russisch en Oekraïens

WAT U OOK NOG MAG WETEN

- Gebied verklaarde zich in 1990 eenzijdig onafhankelijk als ministaatje met een eigen president, maar dat wordt internationaal nauwelijks erkend.
- Is bij geen enkel internationaal verdrag aangesloten, er zijn ook geen ambassades of consulaten.
- Heeft sterke binding met Rusland, permanente aanwezigheid van Russische troepen.
- Communistisch gedachtegoed leeft er nog sterk.
- Verdacht van schending van mensenrechten, vooral op het vlak van vrije meningsuiting.
- Wordt ook vaak vereenzelvigd met vrouwenhandel, witwaspraktijken en wapenhandel.

ZUID-OSSETIE

Ligging: in het noorden van Georgië, grenzend aan Rusland
Hoofdstad: Tsinvali
Staatsvorm: officieel een onderdeel van Georgië, noemt zichzelf een onafhankelijke republiek
Valuta: Russische roebel
Oppervlakte: 3.885 km^2
Bevolking: 70.000
Officiële taal: Zuid-Ossetisch, Russisch

WAT U OOK NOG MAG WETEN

- Gebied verklaarde zich in 1990 eenzijdig onafhankelijk als ministaatje met een eigen president, maar dat wordt internationaal alleen erkend door enkele landen zoals Rusland.
- Is bij geen enkel internationaal verdrag aangesloten, er zijn ook geen ambassades of consulaten.
- Is voorwerp van militaire conflicten tussen Georgië en Rusland.
- Sterke Russische militaire aanwezigheid.
- Aangrenzend Noord-Ossetië is deel van Rusland.
- Ligt in de Kaukasus, zeer bergachtig en dunbevolkt.

ABCHAZIE

Ligging: aan de Zwarte Zee, geklemd tussen Georgië en Rusland
Staatsvorm: officieel een onderdeel van Georgië, noemt zichzelf een onafhankelijke republiek
Hoofdstad: Soechoemi
Valuta: Russische roebel
Oppervlakte: 8.600 km^2
Bevolking: 240.705
Officiële taal: Abchazisch, Russisch

WAT U OOK NOG MAG WETEN

- Gebied verklaarde zich in 1993 eenzijdig onafhankelijk als ministaatje met een eigen president, maar dat wordt internationaal alleen erkend door enkele landen zoals Rusland.
- Is bij geen enkel internationaal verdrag aangesloten, er zijn ook geen ambassades of consulaten.
- Sterke Russische militaire aanwezigheid, gespannen verhouding met Georgië.
- Ligt in de Kaukasus, zeer bergachtig, bewoning vooral aan de kust.
- Zeer mooie natuur met de Zwarte Zee, hoge bergen en groene valleien.

NOORD-KOREA

Ligging: Azië, tussen China en Zuid-Korea
Hoofdstad: Pyongyang
Staatsvorm: officieel een Volksrepubliek, de facto een dictatuur
Valuta: Noord-Koreaanse won
Oppervlakte: 120.540 km^2
Bevolking: 24,9 miljoen
Officiële taal: Koreaans

WAT U OOK NOG MAG WETEN

- Noord-Korea is een totalitaire, communistische dictatuur.

- Personencultus rond staatshoofden: Kim Il-sung werd tot Eeuwig President verklaard, hoewel hij overleden is.
- Werd gescheiden van Zuid-Korea na de Tweede Wereldoorlog.
- Wordt internationaal beschuldigd van het maken van kernwapens en van het flagrante schenden van mensenrechten.
- Geen vrij toerisme, uitsluitend te bezoeken in gezelschap van een gids.
- Veel bergen met relatief onvruchtbare grond, leidt tot voedseltekort.
- Tussen Noord- en Zuid-Korea ligt een gedemilitariseerde zone van 4 kilometer breed, met meer dan een miljoen landmijnen.

MEXICO

Ligging: Centraal-Amerika, aan de zuidelijke grens van de Verenigde Staten
Staatsvorm: presidentiële republiek
Hoofdstad: Mexico-Stad
Valuta: Mexicaanse peso
Oppervlakte: 1.972.550 km^2
Bevolking: 122,3 miljoen
Officiële taal: Spaans

WAT U OOK NOG MAG WETEN

- Allang sterke emigratie naar de VS, ook illegaal, met een streng bewaakte grens als gevolg.
- Zeer gewelddadige strijd tussen politie/leger en drugskartels.
- Ook veel problemen rond marteling en rechtenloosheid van gevangenen, van kidnapping, van geweld tegen vrouwen, van discriminatie van indianen, van strijd tussen rivaliserende bendes.
- Veel oude Mayasites te bezoeken, zoals Uxmal en Palenque.
- Maïs, chocolade, pompoenen, chili, tomaten en vanille zijn allemaal oorspronkelijk uit Mexico afkomstig.
- Ciudad Juarez is de stad met het hoogste aantal moorden ter wereld.

ALASKA

Ligging: Noord-Amerika, grenzend aan Canada, door een zee-engte gescheiden van Rusland
Hoofdstad: Juneau
Staatsvorm: onderdeel van de Verenigde Staten van Amerika, geleid door gouverneur
Valuta: Amerikaanse dollar
Oppervlakte: 1.717.854 km^2
Bevolking: 735.132
Officiële taal: Engels

WAT U OOK NOG MAG WETEN

- Alaska is de grootste Amerikaanse staat en bijna zo groot als Frankrijk, Spanje, Duitsland en de Benelux samen.
- Alaska grenst niet aan een andere Amerikaanse staat.
- Het grootste deel van het gebied bestaat uit wilde natuur zonder wegen en bewoning.
- Alaska denkt grotendeels conservatief (republikeins); Sarah Palin is een icoon .
- In de koudste gebieden kan in de winter de temperatuur zakken tot -50 graden Celsius; het meest noordelijke deel ligt dan ook binnen de poolcirkel.
- Belangrijkste exportproduct is olie.

ALBANIE

Ligging: oostelijk Europa, aan de Adriatische en Ionische Zee, begrensd door o.a. Griekenland
Staatsvorm: presidentiële republiek
Hoofdstad: Tirana
Valuta: Albanese lek
Oppervlakte: 28.748 km^2
Bevolking: 2,774 miljoen
Officiële taal: Albanees

WAT U OOK NOG MAG WETEN

- Na de Tweede Wereldoorlog werd Albanië een satellietstaat van de Sovjet-Unie, maar later werd het een bondgenoot van China.
- Het strenge communisme (belichaamd door dictator Enver Hoxha) werd pas in 1992 afgeworpen.
- Toerisme staat nog steeds in kinderschoenen; de kustlijn is mooi en er zijn enkele archeologische sites.
- Het binnenland is ruw, bergachtig en weinig bewoond.
- Land stelde zich in 2014 kandidaat voor de Europese Unie.
- Laagste levensstandaard in Europa.

ZUID-KOREA

Ligging: Oost-Azië, tussen Noord-Korea en Japan
Hoofdstad: Seoel
Staatsvorm: presidentiële republiek
Valuta: Zuid-Koreaanse won
Oppervlakte: 100.210 km^2
Bevolking: 50,22 miljoen
Officiële taal: Koreaans

WAT U OOK NOG MAG WETEN

- Na de Tweede Wereldoorlog splitste het zich af van het communistische Noord-Korea.
- Sterke invloed en steun van de Verenigde Staten; is een heel modern en westers land, in contrast met noordelijke buur.
- Af en toe grensconflicten met Noord-Korea.
- Het land telt liefst drieduizend eilanden.
- De derde grootste economie van Azië, met o.a. Hyundai, Samsung, Daewoo en LG als merken.
- Indrukwekkende paleizen en tempels uit de keizertijd, zoals het Changdeok-paleis en het Jongmyo-heiligdom.

PARAGUAY

Ligging: in het midden van Zuid-Amerika, grenzend aan Brazilië, Argentinië en Bolivië
Hoofdstad: Asuncion
Staatsvorm: presidentiële republiek
Valuta: Guarani
Oppervlakte: 406.752 km^2
Bevolking: 6,802 miljoen
Officiële talen: Spaans, Guaraní

WAT U OOK NOG MAG WETEN

- Het grootste deel van het land bestaat uit onbewoonde, droge en tropische savanne.
- Meeste inwoners zijn mestiezen, afstammelingen van de autochtone Guarani-bevolking en de Spaanse bezetters.
- Er leven nog sterk geïsoleerde indianenstammen.
- Heeft 35 jaar onder de militaire dictatuur van Alfredo Stroessner geleden, tot 1989.
- Toerisme is nog onderontwikkeld, welvaart blijft ook bescheiden, armoede en corruptie zijn sterk aanwezig.

SPITSBERGEN

Ligging: Noord-Europa, eilandengroep in de Noordelijke IJszee, 565 km boven Noorwegen
Hoofdstad: Longyearbyen
Staatsvorm: onderdeel van het koninkrijk Noorwegen, maar met zekere autonomie en ook met Russische nederzetting
Valuta: Noorse kroon
Oppervlakte: 62.049 km^2
Bevolking: 2.600
Officiële talen: Noors, Russisch

WAT U OOK NOG MAG WETEN

- Eilandengroep heet in het Noors Svalbard; Spitsbergen is eigenlijk de naam van het grootste eiland.
- Bestaat uit drie grotere en tachtig kleine eilanden.
- 60% van het grondgebied bestaat uit gletsjers.
- Gemiddelde temperatuur schommelt tussen -14 (winter) en +6 (zomer) graden Celsius.
- Is een van de veiligste plekken ter wereld: geen misdaad.
- Er zijn enkele hotels en restaurants; met het vliegtuig ben je er vanaf Oslo in vijf uur; ook cruises zijn mogelijk.

BORGERHOFF
& LAMBERIGTS

Gent, België
info@borgerhoff-lamberigts.be
www.borgerhoff-lamberigts.be

ISBN 9789089314994
NUR 740
D/11.089/101022

Naar een idee van deMENSEN

Redactie: Thijs Delrue
Eindredactie: Annemiek Seeuws
Coördinatie: Wim De Bock & Pieter Vanderhaegen
Coverbeeld: Bert Ceulemans
Beeldkatern: Bert Ceulemans & deMENSEN
Ontwerp logo: Raf Serneels
Ontwerp omslag: Robert Adriaansen
Zetwerk: Evelien Degeyter

Met dank aan Eén en de redactie van deMENSEN

Gedrukt in Nederland
Eerste druk: februari 2015